RESIST ACADEMIA

Die vorliegende Arbeit von Tarah-Tanita Truderung setzt sich eingehend mit dem Thema „Strategien des Widerstands für Studierende mit Rassismuserfahrungen an deutschen Hochschulen" auseinander. Diese Arbeit fungiert als grundlegende Unterstützung für Studierende, die mit Rassismuserfahrungen in einem von *Weiß*sein und Eurozentrismus geprägten Hochschulsystem konfrontiert sind. Sie bietet ein umfassendes Verständnis der deutschen Hochschullandschaft aus antirassistischer und feministischer Perspektive und präsentiert dabei auch praxisnahe Strategien, Taktiken und konkrete Handlungsmöglichkeiten. Dabei ist alleine der Schreibstil der Thesis, den Konservative abwertend als Polemik beschreiben würden, eine Provokation gegenüber dem System.

Die Autorin, selbst eine Schwarze Studentin, teilt nicht nur theoretisches Wissen, sondern auch ihre politische Haltung und ein Verständnis von Aktivismus, das die Legitimität von Selbstverteidigung betont. Die Arbeit präsentiert Werkzeuge, die dazu dienen sollen, sich zu organisieren, Stimmen zu erheben, sichere Lernräume zu schaffen und bestehende Strukturen zu sprengen. Durch die Förderung von Empowerment-Ansätzen ermutigt die Arbeit dazu, das bestehende hegemoniale und koloniale System radikal herauszufordern.

Der Begriff „Widerstand" in dieser Arbeit geht über eine theoretische Auseinandersetzung hinaus und wird als eine gelebte Praxis verstanden, insbesondere für Menschen mit Rassismuserfahrungen. Sie sollen sich durch die Arbeit ermutigt fühlen, sich zu organisieren und eine Transformation in einer Umgebung anzustreben, die bisher ihre Stimmen und Lebensrealitäten bisher gewaltsam ausgeschlossen hat. Die Arbeit ruft dazu auf, sich zu solidarisieren und Bildung und Wissenschaft nicht nur theoretisch zu reflektieren, sondern auch aktiv in der Praxis neu zu gestalten, damit alle Menschen Zugänge zu Ressourcen haben und das Wissen von allen Menschen wertgeschätzt wird.

Tarah- Tanita Truderung

RESIST ACADEMIA

STRATEGIEN DES WIDERSTANDES FÜR STUDIERENDE MIT RASSISMUSERFAHRUNGEN AN DEUTSCHEN HOCHSCHULEN

Bibliografische Information der Deutschen Nationalbibliothek:
Die Deutsche Nationalbibliothek verzeichnet diese Publikation
in der Deutschen Nationalbibliografie; detaillierte
bibliografische Daten sind im Internet über dnb.dnb.de
abrufbar.

Lektorat und Sensitivity Reading: Michelle Crooks

Design und Buchgestaltung: Haddia Zergani

Fotografie: TheRev Art

© 2024 Tarah-Tanita Truderung,

c/o IP-Management #15527,

Ludwig-Erhard-Str. 18,

20459 Hamburg

Verlag: BoD · Books on Demand GmbH,

In de Tarpen 42, 22848 Norderstedt

Druck: Libri Plureos GmbH,

Friedensallee 273, 22763 Hamburg

ISBN: 978-3-7693-0099-4

Danke für euer Sein

Mein Studium war eine aufregende und auch schwierige Reise mit ganz viel Herausforderungen, Zweifel, Frustration, Unsicherheiten, Trauer. Doch heute, während ich diese Arbeit abschließe, erfüllt mich eine tiefe Dankbarkeit, Verbundenheit und Liebe.

Ohne die Menschen um mich herum wäre ich nicht an diesem Punkt. Ihr habt mich gestärkt, getragen und mir Räume gegeben, in denen ich wachsen konnte. Ich bin froh, Teil von Communities zu sein, die mir Heimat und Halt geben. Orte, an denen ich ganz ich selbst sein kann. Wir lachen zusammen, weinen zusammen, feiern und kämpfen, wir lernen, streiten und kritisieren – manchmal gleichzeitig. Wir teilen, was wir haben, und tragen uns gegenseitig, auch durch schwierige Zeiten.

Mein besonderer Dank gilt Schwarzen, afrodeutschen, afrodiasporischen, afrikanischen und radikalen FLINTA* und Feminist*innen. Eure Stärke und euer Wissen ist die die Basis, auf der wir alle aufbauen. Eure Arbeit und euer Dasein schenken mir täglich Hoffnung. Ich bin unendlich dankbar für alles, was ihr getan habt und weiterhin tut.

Ein großer Dank gebührt den Menschen, die diese Kämpfe schon lange vor mir geführt haben. Ohne eure Vorarbeit, ohne eure Opfer, wären wir heute nicht hier. Ihr habt Türen geöffnet, die uns neue Wege ermöglichen.

Auch den Menschen, Gruppen, Organisationen, Vereinigungen, Allianzen in und außerhalb der Hochschule verspüre ich großen Dank – all die, die mit ihrer Lehre, ihrer Praxis und ihren Skills die kapitalistischen, patriarchalen und rassistischen Strukturen immer wieder herausfordern und an einer neuen Welt arbeiten. Menschen, die sich oft mit persönlichen Risiken und massiven Auswirkungen für das eigene Leben einsetzen. Ich danke euch, dass ihr euch den massiven Repressionen stellt und dass ihr immer wieder die Kraft aufwendet euch treu zu bleiben.

Dank gilt auch denjenigen, die mich auf dieser Reise des Schreibens und Veröffentlichens unterstützt haben: meine Genoss*innen an der Uni, die solidarischen Menschen meiner Hochschulzeit und die Taskforce, die mich durch meine Masterarbeit begleitet hat. Ihr habt mich aufgefangen, wenn es nötig war, habt mit mir Erfolge gefeiert und mich in den dunklen Momenten nicht allein gelassen.

Danke an meine Familie, die mich trotz der Entfernung immer wieder mit Liebe und Verständnis gestärkt hat. Danke an meine Geschwister, die immer an meiner Seite standen.

Danke an meine Community, die mich aufgebaut und durch unzählige Gespräche, Therapiesitzungen und gemeinsames Feiern abgelenkt hat, wenn es notwendig war. Danke, dass ihr geduldig mit mir wart und mich ausgehalten habt. Und vor allem, dass ihr eure Zeit und Perspektiven mit mir geteilt habt.

Eure Stimmen inspirieren mich niemals nachzulassen.

Dieses Buch ist für mich eine Erinnerung daran, dass kein Kampf allein gewonnen wird.

Dieses Buch ist für uns und für euch. Für all jene, die kämpfen, die Räume schaffen, die an eine gerechtere Welt glauben. Für all jene, die uns daran erinnern, dass wir nicht allein sind.

Danke für alles. Danke für euer Sein.

"Everything is on fire, but everyone I love is doing beautiful things and trying to make life worth living, and I know I don't have to believe in everything, but I believe in that."

Nikita Gill

Für all die aggressiven anti-rassistischen
Aktivist*innen, die mit einer spezifischen Weltsicht
und einer bestimmten politischen Agenda
Hochschulgänge kapern oder es gerne tun würden
<3

Inhaltsverzeichnis

Vorwort von Yasmine Chehata

Die Black Lives Matter-Bewegung hat weltweit die Aufmerksamkeit auf Rassismus und Ungleichheit in allen Bereichen der Gesellschaft gelenkt, einschließlich Hochschulen. Institutioneller Rassismus an Hochschulen ist ein tief verwurzeltes Problem, das weit über individuelle Vorurteile hinausgeht und sich in den grundlegenden Strukturen und Praktiken akademischer Institutionen manifestiert. Dieser Rassismus zeigt sich in der Unterrepräsentation von BIPoC in Fakultäten, in der Zusammensetzung der Studierendenschaft, im Zugang zu finanziellen Ressourcen und sozialen Netzwerken, aber auch in den Inhalten und Perspektiven, die in Lehrplänen dominieren.

So werden bereits mit Beginn der 2000er Jahre Diversitätsprogramme und Antidiskriminierungsstellen an vielen Hochschulen aufgebaut die Forderung nach diversitätsorientierten Curricula hat in den letzten zehn Jahren an Dynamik gewonnen, auch wenn diese Forderung bereits bis in die Bürger*innenrechtsbewegung der 1960er und 1970er Jahre zurückverfolgen lässt. Wenngleich diese Maßnahmen wichtige Räume für Austausch und Unterstützung für Einzelne bieten können, so sind diese Stellen häufig personell und finanziell unterbesetzt und es fehlt ihnen an institutioneller Entscheidungs- und Veränderungsmacht. Vor allem aber verlegt die Existenz solcher Institutionen und Programme die Verantwortung für Veränderung von der Institution als Ganzes auf diese spezifischen Einheiten und Maßnahmen, anstelle die gesamte Hochschule systematisch auf Ungleichheitsstrukturen zu überprüfen und zu verändern. Auch wenn Antidiskriminierungsstellen zumeist als einzige Anlaufstelle für Betroffene eine wichtige Funktion übernehmen, besteht das Problem, dass sie, institutionell betrachtet, strukturelle Probleme individualisieren. Betroffene geraten in eine Position, in der sie ihre Diskriminierungserfahrungen selbst verwalten und bewältigen können müssen, ohne zu wissen, ob ihr Engagement konkrete Veränderungen zur Folge haben wird. Dies verschiebt die Verantwortung von Hochschulen und ihren Entscheidungsträger*innen auf parzellierte Einheiten und individuelles Engagement, was kollektive und institutionelle Veränderung kaum möglich macht. Und nicht zuletzt verbleiben diejenigen, die über das Wissen zu diskriminierenden Strukturen und Praktiken verfügen in der Position der Betroffenen. Diese Position betont die passive Rolle derjenigen, die Rassismus erleben. Sie verschleiert das Wissen über Erscheinungsformen und Auswirkungen von Rassismus im Hochschulalltag, das Wissen über Formen und Strategien des Umgangs und des Widerstandes mit ungleichheitsproduzierenden und gewaltvollen Strukturen und Praktiken. Sie verschleiert die Fähigkeit trotz dieser Strukturen zu studieren, die Fähigkeit passiven oder aktiven Widerstand zu leisten.

Zu den Werkzeugen solcher Widerstandsstrategie gehören Arbeiten wie diese.

In einer Zeit, in der akademische Institutionen zunehmend als Orte der Re_produktion sozialer Ungleichheiten und Diskriminierung erkannt werden, setzt diese Arbeit einen wichtigen Akzent: Sie widmet sich den Strategien des Widerstandes von Studierenden mit Rassismuserfahrungen an deutschen Hochschulen. Ihr Ziel ist es nicht nur bestehende Machtstrukturen kritisch zu beleuchten, sondern vor allem praxisnahe und umsetzbare Handlungsmöglichkeiten für Studierende mit Rassismuserfahrungen zu entwickeln.

Aus einer rassismuskritisch-feministischen Perspektive wird die Verflechtung von Machtstrukturen im akademischen Kontext untersucht, um den Blick für die komplexen Bedingungen zu schärfen, die Subjektpositionen, Ungleichheit und Ausschluss produzieren. Im Zentrum dieser Arbeit steht der Begriff des Widerstandes, verstanden als produktive und praktizierte Form des Umgangs mit rassifizierenden Ungleichwertigkeitsbedingungen, die in Anlehnung an Patricia Collins sowohl Aspekte des Überlebens als auch der Veränderung umfassen.

Tarah-Tanita Truerung bricht dabei mit traditionellen wissenschaftlichen Paradigmen, indem sie eigene und communitybasierte Erfahrungen als ´Storytelling auto|biografischer Wissensproduktion als legitime Wissensquellen einbezieht und die oft künstliche Trennung zwischen Forschenden und Forschungsfeld bewusst aufhebt. Inspiriert von den Denksystemen Schwarzer feministischer Theorien und afrodiasporischer Wissensproduktion, wird hier eine neue Form der Erkenntnispolitik praktiziert, die die Relevanz kollektiver Positionierungen gegenüber hegemonialen Diskursen in den Vordergrund rückt.

Mit dieser Arbeit wird nicht nur ein innovativer, sondern auch mutiger Beitrag zur Analyse und Systematisierung von Widerstandsstrategien im akademischen Kontext vorgelegt. Denn damit geht die Autorin auch ein Wagnis ein. In dieser Forschungstradition, der Verwobenheit der Person der Wissenschaftlerin mit ihrer Forschung, wird auch das Private öffentlich gemacht und damit sowohl zum Gegenstand des wissenschaftlichen Diskurses und/oder gegebenfalls auch zum Gegenstand der Bewertung im Rahmen von Qualifizierungsarbeiten in akademischen Institutionen.

Man könnte meinen, dass die Arbeit für hiesig sozialisierte Akademiker*innen herausfordernd ist, doch stellt sie doch genau diese Sozialisation in Frage. Denn neben der Erzählform als zentrales stilistisches Element bricht Tarah-Tanita Truerung mit hegemonialen Formen akademischer Versprachlichung. Durch die direkte Ansprache der Leser*innen und der vermeintlich „gesprochen Sprache" der Autorin, erscheint der Text in Teilen wie ein vertonter Dialog zwischen Autorin und

Leser*innen. Zwar behauptet Tarah-Tanita Truderung zu schreiben, wie sie spricht, doch handelt es sich mitnichten um einen gesprochenen Text, sondern um eine sehr anspruchsvolle Form der Schriftsprache, die die Autorin so entfaltet, dass es nur so wirkt, als würde sie mit uns sprechen. Erinnernd an (Sprach)Praktiken des Sciences Slam, greift sie immer wieder auf poetische Stilmittel zurück. Die Erzählform dieser Arbeit ermöglicht den Lesenden eine berührbare Nähe aufzubauen und schafft einen höheren Zugang zu komplexen Theorien. Lässt man sich auf sie ein, erhält man gleich auf mehreren Ebenen die Möglichkeit den eigensinnigen und widerständigen Formen im Umgang mit ungleichheitsproduzierenden akademischen Strukturen zu folgen.

Diese Publikation fordert dazu auf, den Diskurs über Rassismus und Widerstand im akademischen Kontext zu erweitern und diejenigen zu stärken, die in diesen Strukturen um Anerkennung und Gerechtigkeit kämpfen.

Yasmine Chehata

1. Einführung

1.1 Die Kurzversion der Vorgeschichte

„I am no longer accepting the things I cannot change.
I am changing the things I cannot accept."

Angela Davis

Im Jahr 2018 begann ich nach jahrelangem Ehrenamt, einem Freiwilligen Sozialen Jahr, einer Ausbildung zur Erzieherin und anschließender Berufserfahrung unter anderem in der Kinder- und Jugendhilfe, ein Vollzeitstudium der Sozialen Arbeit. Mein Ziel war es schon damals, nach dem Bachelorstudium diesen Masterstudiengang zu absolvieren. Ich plante im Anschluss daran, in die Kinder- und Jugendhilfe zurückzukehren, um aus einer Führungsposition heraus strukturelle Veränderungen einzubringen.

Damals hatte ich noch eine ziemlich naive Einstellung gegenüber dem Feld der Sozialen Arbeit und „der Wissenschaft" dahinter. Mir war zwar klar, dass sehr vieles sehr unfair verläuft und unser System versagt, allerdings konnte ich die Unterdrückungsmechanismen, die Verwobenheiten und Zusammenhänge nicht so genau benennen wie heute.

Dies änderte sich 2020 mit dem Polizeimord an George Floyd und den damit einhergehenden Black Lives Matter Protesten, aber auch mit sämtlichen anderen aufkeimenden Krisen und Katastrophen. Ab dem Zeitpunkt befasste ich mich wissenschaftlich vor allem mit Schwarzer, feministischer Literatur und organisierte mich erstmalig ernsthaft politisch - vermehrt in Schwarzen, (post)migrantischen, feministischen, machtkritischen, dekolonialen, antikapitalistischen und abolitionistischen Kreisen. In dieser Zeit hat sich das Gefühl entwickelt, dass ich mich und meine Rolle in der Sozialen Arbeit, in der Sozialwissenschaft und in der Hochschule irgendwie „gefunden" habe.

Ich hatte damals, im Vergleich zu jetzt, keine Ahnung, wie böse im Sinne von unterdrückend, ausbeutend, diskriminierend, ungerecht das System an der Hochschule und in akademischen Kreisen wirklich ist. Und ich konnte mir nicht annähernd vorstellen, was ich und andere Involvierte noch alles erleben, aber auch erreichen würden.

Als ich dann im Studium und an der Hochschule kritischer und lauter wurde – was wahrscheinlich die politische Organisation mit Gleichgesinnten und ebenfalls Betroffenen mit sich brachte - und mich gegen den Rassismus wehrte, bekam ich natürlich auch sehr viel Abwehr zu spüren. Dies führe dazu, dass die Situation hochkochte.

Eine Schlüsselsituation in meinem Studium ergab sich 2021, als ich kurz davor war, meinen Bachelor abzuschließen. Ein Professor hatte auf einer seiner Folien das N-Wort stehen und hat sich mir gegenüber sehr sexistisch, rassistisch und adultistisch verhalten, als ich ihn - wirklich sehr nett - darauf aufmerksam gemacht habe, dass das Wort dort nicht stehen sollte. Die Situation mit diesen diskriminierenden Inhalten und Ausdrucksformen seitens des Professors, aber auch der Institution und deren Strukturen, hat sich meines Erachtens nicht ausreichend geklärt und wirkte auch während meines Masterstudiums weiter, welches ich direkt im Anschluss an den Bachelor 2021 an derselben Fakultät begann.

Nach meiner Ankunft im Masterstudium habe ich bereits beim ersten Kennenlernen mit meinen Kommiliton*innen „den Konflikt" erwähnt und deutlich gemacht, dass ich Rassismus nicht toleriere und Solidarität erwarte. Laut Stundenplan sollte meine erste offizielle Vorlesung bei besagtem Professor stattfinden, was für mich keinen guten Start bedeutete. Danach stellte ich fest, dass der Studiengang sehr *weiß*, eurozentrisch und wenig progressiv war - aber was hatte ich erwartet?! Ich war die einzige Schwarze Frau unter allen Teilnehmenden, und zusammen mit einer anderen Person of Color die einzigen Personen, die Rassismus erfuhren. Mir wurde schnell klar, dass meine Perspektiven und mein Verständnis von Sozialer Arbeit, Wissenschaft, Bildung und Hochschule sich von dem unterschied, was im Studiengang Konsens zu sein schien: *weiße* Soziale Arbeit und *weiße* Sozialwissenschaft. Es war ein *weißer* Studiengang mit ganz klaren Ausgrenzungs- und Unterdrückungsmechanismen, die von allen Seiten ausgeführt wurden.

Also habe ich monatelang immer und immer wieder versucht, darauf aufmerksam zu machen, dass hier viel Gewalt re_produziert wird. Zum Beispiel durch das Curriculum, das hauptsächlich aus *weißer*, eurozentrischer Literatur bestand, oder durch die verbreiteten neoliberalen Logiken. Auch waren rassistische Aussagen in den Seminaren, Messangerdiensten oder im Mailverkehr präsent. Sowohl bei meinen Kommiliton*innen als auch bei den Lehrenden habe ich das immer wieder angesprochen. Doch es veränderte sich nichts. Es wurde eher schlimmer - auch wegen der Gegenreaktionen, die sich gegen mich richteten und die niemand auffangen konnte oder wollte. Dabei war der Rassismus, der mir widerfuhr, oft auch sehr subtil und anscheinend für Anwesende, die sich wenig mit Rassismus beschäftigten, kaum wahrnehmbar. Zudem frustrierte es mich sehr, weil ich wissenschaftlich nicht weiterkam und mit meinem Schwerpunkt einfach nicht das Gefühl hatte, irgendetwas Konstruktives zu lernen, sondern viel mehr das Gefühl hatte, ausgesaugt zu werden.

Vieles von dem, was ich getan oder erarbeitet habe, war „nicht wissenschaftlich genug" für den Mainstream - in den angewandten (!) Sozialwissenschaften: Angeblich zu laut. Zu belastend. Zu anstrengend. Zu ideologisch. Zu politisch. Zu radikal. Zu subjektiv. Zu aggressiv... Bla bla bla....

Ich war oft kurz davor, alles hinzuschmeißen. Ich wollte mich oft in einem ganz anderen Bereich umorientieren, weil ich ständig wütend, traurig, verletzt und frustriert war. In dieser Zeit sind viele sehr krasse und für mich sehr traumatisierende Dinge passiert, deren Bewältigung ich nicht geschafft hätte, wenn ich als ‚outsider within' (siehe Kapitel 3) nicht auch Unterstützung innerhalb der Institution gehabt hätte, aber auch eine starke Community außerhalb der Institution, die mich immer wieder ermutigt und mich auch in den Hochschulräumen bei Aktionen unterstützt hat.

Im Juli 2022 wurde ich dann letztendlich "zu meiner Sicherheit" aus dem Studiengang gezogen, mit der Versicherung, dass ich mein Studium trotzdem abschließen könne. Die Situation eskalierte mit der Folge, dass es mir beschissen ging und ich mittlerweile Angst hatte, Seminarräume zu besuchen. Ich denke, dass mir gesagt wurde, ich solle nach Hause gehen, hängt auch damit zusammen, dass keine Handlungskompetenz seitens Akteur*innen der Institution vorhanden und deshalb - natürlich auch schon Monate vorher - kein fürsorglicher Umgang der Situation entsprechend möglich war. Deshalb ergaben die Gespräche mit den Verantwortlichen leider auch den Eindruck, dass das Problem - wie so oft - individualisiert wird. Auf meine Frage, ob sich strukturell etwas ändern würde, erhielt ich mal wieder ein Schulterzucken als Antwort. Also entschied ich mich dafür, meine Erfahrungen öffentlich auf meinem Instagram-Kanal zu teilen, auf dem ich bereits Aufklärungsarbeit leistete und ein paar tausend Follower*innen hatte[1].

---

1 -> Das Video gibt es u.a. noch auf dem YouTube-Kanal „So geht Hochschulpolitik" zu sehen: Thema Rassismus "zu belastend" für Weiße - Erfahrung an Hochschule. URL: https://www.youtube.com/embed/BkzHVz252LI [letzter Zugriff 30.11.2023]

Ich wollte, dass sich etwas grundlegend ändert. Nicht nur für mich, sondern für alle betroffenen Personen und die kommenden Generationen, die im System der Sozialwissenschaft, der Sozialen Arbeit und auch an der Hochschule involviert sind. Und öffentlich die Reputation einer Institution / eines Unternehmens / einer Organisation anzukratzen, ist nun einmal eine der wirksamsten Möglichkeiten, um Druck aufzubauen. Außerdem dachte ich mir: Was hab ich zu verlieren?

Nach der Veröffentlichung auf meinem Instagram-Kanal erhielt ich neben einigen rechten Attacken glücklicherweise auch viel Support und Zuspruch. Zum einen erhielt ich viel Unterstützung von Menschen, die keinen Rassismus erfahren. Was mich tatsächlich etwas überrascht hat, wofür es aber keinen Keks gibt.

Zum anderen erhielt ich auch sehr viele Nachrichten von Menschen, die ebenfalls Rassismus erfahren. Diese Nachrichten kamen aus meinem direkten Umfeld, aber auch aus ganz Deutschland. Unter den Absender*innen waren Menschen aus den verschiedensten Bildungseinrichtungen: (ehemalige) Studierende meiner Fakultät und Hochschule, von anderen Hochschulen und Universitäten sowie von der Grundschule (Grüße gehn raus an Mathilda<3) bis hin zu weiterführenden Schulen. Auch (ehemalige) wissenschaftliche Mitarbeiter*innen und viele Menschen aus sozialen Tätigkeitsbereichen bzw. Menschen, die in Kontakt zu Tätigkeiten der Sozialen Arbeit stehen oder standen, entweder Klient*innen oder selbst Sozialarbeitende sind.

Viele beschrieben, wie sie unter den Zuständen litten und von der Abwehr, der sie begegneten, wenn sie sich wehrten. Sie erzählten, wie ihre Erfahrungen immer wieder geleugnet wurden, wie sie schlechtere Noten erhielten, degradiert wurden und vieles mehr. Ihre Erfahrungen ähnelten meinen eigenen und beschrieben genau das, was mich in dieser Zeit unendlich belastete und wütend machte. Es war für mich ein weiterer

Beweis, der mir zeigte, dass ich mir das Ganze nicht einbildete. Und dass es nicht falsch sein kann, sich zur Wehr zu setzen.

Nachdem sich drei Monate lang niemand von der Hochschule bei mir gemeldet hatte, außer der Dekan kurz nach meinem Outcall auf Instagram, fand im September 2022 eine äußerst explosive Fakultätsratssitzung zu den "Rassismusvorwürfen" statt. Ich nahm daran teil. Begleitet von vielen Unterstützer*innen und ebenfalls betroffenen Personen. Es wurde zwei Stunden lang sehr intensiv „diskutiert". Es gibt Videos davon, die tausende Views auf Social Media erreichten und so nochmal für einen Aufbau des Drucks sorgten. Endlich konnten wir alles loswerden und ein Teil der Verantwortlichen zur Rechenschaft ziehen. Danach wurden endlich zum ersten Mal Maßnahmen ergriffen, die ich (zum Teil) einigermaßen ernst nehmen konnte.

In dieser Zeit habe ich einige Vorfälle, die rund um das Geschehen der „Rassismusvorwürfe" passiert sind, ebenso über meinen Social-Media-Kanal nach außen kommuniziert. Dadurch konnte ich transparent aufzeigen, welche Hierarchien, Organisationsstrukturen, Wissensbestände und Abwehrmechanismen für die Ungerechtigkeiten verantwortlich sind.

Mir war es jedoch auch wichtig, Strategien weiterzugeben, wie man sich gegen diese Institutionen, ihre Akteur*innen und „die Wissenschaft" auflehnen und ihnen Einhalt gebieten kann. Ich bin fest davon überzeugt: Die Gesellschaft soll und muss erfahren, was in diesem Wissenschaftsbereich passiert und wir, als Menschen, die Rassismus von dort erfahren, müssen zusammenhalten und unseren eigenen Hot Shit machen.

In der Zwischenzeit, also seit September 2022 bis heute, konnte ich auch Einblicke in verschiedene Bereiche der Hochschulpolitik gewinnen. Ich war Mitglied im

Studierendenparlament, war sogar einen Monat lang Präsidentin, bevor meine Kollegin und ich aus Gründen zurückgetreten sind.

Ich habe mich im BIPoC-Referat engagiert, war im Studienbeirat aktiv und habe an verschiedenen Arbeitskreisen teilgenommen. All dies hat mir innerhalb kurzer Zeit einen tiefen Einblick in die abscheulichen Strukturen des Systems Hochschule ermöglicht, und vor allem darüber, wie überfordert und gleichzeitig machterhaltend die Hochschule als Institution ist, wenn es um Rassismus geht.

Was hat's bewirkt?

Nachdem die Institution, und auch meine Fakultät der angewandten Sozialwissenschaften(!) unter Druck geriet, gab es zum Glück einige interne Entwicklungen. Obwohl es natürlich nicht ganz das war, was ich mir gewünscht hätte, finde ich, dass es einige Maßnahmen gab, die ich erstmal begrüßen würde. Dazu gehörten eine verpflichtende Veranstaltung zum Thema Anti-Rassismus für das Fakultätskollegium und ein Fakultätsforum zum selben Thema für sowohl Lehrende als auch Studierende. Es gab es eine Keynote, Workshops und am Ende konnten alle ihre Anregungen zu diesem Thema aufschreiben - mit guten Ergebnissen. (Was bis jetzt daraus gemacht wurde, ist nochmal ein anderes Thema:)) Auf hochschulübergreifender Ebene wurde auch die Einführung einer Antidiskriminierungsordnung angestoßen, die in einem Arbeitskreis erarbeitet wurde, dessen Teil ich auch war. Eine Antidiskriminierungsordnung ist ein „positives Zeichen", da sie ein sehr hoher und verbindlicher Verwaltungsakt ist, in dem z.b. auch ganz klare Konsequenzen für diskriminierendes und auch rassistisches Handeln festgelegt sind. Bisher gibt es nur an wenigen Hochschulen in Deutschland eine solche Ordnung.

Ich und meine Arbeit heute

Heute, knapp ein Jahr später, habe ich mich weitestgehend von den Vorgängen innerhalb der Institution, an der ich studiere, gelöst. Ich habe gemerkt, dass mich dieser Ort jedes Mal aufs Neue re_traumatisiert und mir nicht guttut - vor allem nicht unbezahlt. Das Maß ist einfach voll. Dennoch möchte ich erstmal im Hochschulbereich weitermachen und arbeite jetzt als freiberufliche Bildungsreferentin. Als Bildungsreferentin beschäftige ich mich mit Themen der Sozialen Arbeit / Sozialwissenschaft, insbesondere mit Anti-Schwarzem Rassismus, Schwarzem Feminismus und Widerstand an Hochschulen. Ich schreibe wissenschaftliche Texte, halte Workshops und Keynotes und bin unter anderem an verschiedenen Hochschulen und Hochschulveranstaltungen unterwegs. Dadurch gewinne ich regelmäßig Einblicke ins Geschehen. Ich erhalte meine Anfragen von anderen Betroffenen, den Institutionen selbst, autonomen Hochschulgruppen, Referaten und sozialen Trägern.

Was mir besonders am Herzen liegt, sind Räume mit Studierenden, insbesondere auch mit BIPoC Studierenden, in denen wir uns untereinander austauschen, aber auch Pläne schmieden können, um gegen den Status Quo anzukämpfen. Ich führe gerne Gespräche über Widerstand, Strategien, Taktiken und akademischen Ungehorsam - darüber, wie wir mit unseren Erfahrungen umgehen können, dürfen und müssen. Dabei merke ich, dass auch Power- und Skillsharing innerhalb unserer Communities in academia überlebensnotwendig sind. Außerdem spüre ich bei jeder Veranstaltung, wie sehr von Studierendenseite – zumindest in der Bubble in der ich unterwegs bin – das Verlangen da ist, zu handeln. Wie sehr die Studierenden, mit denen ich arbeite, Bock haben, etwas zu verändern und (Hochschul-)Bildung neu zu gestalten - und dies auch tun! Allerdings gleichzeitig auch, wie unfassbar erschöpft sie oft sind. Wie sehr ihnen die Zustände schaden.

1.2 For us, by us - Ziel und Zielgruppe

„Die Funktion, die sehr ernste Funktion von Rassismus ist die Ablenkung. Er hält dich davon ab, deine Arbeit zu tun. Er lässt dich immer wieder erklären, warum du so bist [...]. Aber nichts davon ist notwendig. Es wird immer noch eine weitere Sache geben."

Toni Morrison

Als die Zeit meiner Masterarbeit näher heranrückte, hatte ich aufgrund meiner „aufregenden" Zeit im Studium zunächst sehr viele Ideen in meinem Kopf, über die ich (sehr wütend) schreiben wollte, insbesondere im Zusammenhang mit Hochschule und Sozialwissenschaften. Als ich mein erstes Exposé erstellte, war meine Gliederung viel zu vollbeladen.

Nach einem Gespräch mit meiner Gutachterin gab sie mir den Rat, genau zu überlegen, **für wen** ich schreiben möchte und auf was ich mich fokussieren will. Diese Frage war ausschlaggebend für meine Themenwahl und für mein Ziel. Dabei kam mir zuerst in den Sinn, **für wen und für was ich definitiv nicht schreiben wollen würde.**

Das Ziel dieser Arbeit soll definitiv **nicht** darin bestehen, mich erneut für ein System abzumühen, das mich und viele andere mit denselben Erfahrungen nicht ernst nimmt - und noch schärfer gesagt: Ein System, welches uns und unsere Perspektiven gar nicht will! "Vergiss nie: Wir sollten gar nicht erst hier sein" (Kuria 2015, S. 48).

Ich möchte nicht erneut die Grundlagen von (Anti-)Rassismus oder (Anti-) Diskriminierung behandeln, geschweige denn Aufklärungsarbeit für die *weiße* Mehrheitsgesellschaft leisten oder Wissen re_produzieren, was im Endeffekt wieder nur dazu dient, für die *weiße*, eurozentrische Wissenschaft zu knechten. Ich schreibe auch keine Arbeit, die irgendwann in den staubigen Archiven der Hochschule oder in meinem Schrank landen soll und dort vor sich hinvegetiert. Vor allem möchte ich nicht so arbeiten, wie es von dem hegemonialen und kolonialen Wissenschaftssystem erwartet wird. Ich bin wirklich müde davon, es macht in meinen Augen keinen Sinn, es bringt uns nicht weiter und ich habe keine Lust mehr, *weißen* Leuten zu beweisen, dass Rassismus, auch an Hochschulen und der Wissenschaft, existiert.

> „Von uns Schwarzen und People of Color wird erwartet, dass wir weiße Menschen von unserer Menschlichkeit überzeugen (…). Die Unterdrückung besteht auf ihrer Position und vermeidet es, Verantwortung für ihr Verhalten zu übernehmen. Für uns bedeutet das einen ständigen Verlust von Energie, die besser dazu genutzt werden könnte, uns selbst zu definieren und realistische Szenarien für die Veränderung der Gegenwart und die Neugestaltung der Zukunft zu entwerfen." (Lorde 1984; 2021b, S. 131)

Für uns

„I try never to take myself for granted as somebody who should be out there speaking. Rather, I'm doing it only because I feel there's something important that needs to be conveyed."

Angela Davis

Ich möchte diese Thesis **für uns** schreiben. Mit dem Ziel, vor allem eine klare Haltung zu entwickeln, aber auch um Strategien und Handlungsmöglichkeiten aufzuzeigen. Dabei geht es mir nicht nur um die Analyse und Kritik der vorherrschenden Zustände - diese wichtige Arbeit haben schon viele Menschen ausführlich vor mir geleistet -, sondern vor allem um die Entwicklung von Widerstandspraxis in der Wissenschaft und Hochschule. Denn wie Fred Hampton so schön sagte: „Theory is cool, but theory without practice ain't shit!" (vgl. Anarchist Black Cross Chicago 2018, S. 10)

Ich möchte uns ermutigen, in Zeiten von immer stärker werdenden faschistischen Strukturen, Kriegen und einer völlig aus dem Ruder laufenden Klimakatastrophe einen entschiedenen und radikalen Widerstand gegen *weiße*, akademische, "intellektuelle" und gewalttätige Systeme zu leisten. Mein Ziel ist es, dass wir uns gestärkt fühlen und Unterstützung haben, um für uns einzustehen und aktiv gegen den offensichtlich unglücklichen und gefährlichen Status quo anzukämpfen. Ich möchte zu mehr Riots gegen academia aufrufen und gemeinsam mit euch für Krawall sorgen. Ich bin fest davon überzeugt, dass auch wir wichtiges Wissen schaffen und niemandem etwas beweisen müssen. Wir verdienen es, die Ressourcen zu haben, die auch *white* academia hat. Unsere Stimmen und Perspektiven sind wichtig, auch ohne Schulabschlüsse, Doktortitel oder Professur. Wir haben auch das Recht, wütend zu sein, uns zu organisieren, neue Räume für uns zu schaffen und Forderungen an die *weiße* Dominanzgesellschaft zu stellen. Und wir haben auch das Recht, uns gegen die Rahmenbedingungen *weißer* Wissenschaft aufzulehnen, in denen wir die Rahmen der Anforderungen sprengen. Wir müssen nicht reden, schreiben und sprechen wie *white* supremacy es von uns verlangt.

Dieses Mal ist es mir scheißegal, was *weiße* Menschen, vor allem Akademiker*innen, mit dieser Arbeit machen oder ob sie sie lesen - das war in meinen vorherigen Arbeiten noch anders. Die Frage, die mich heute beschäftigt ist, was machen wir als Menschen, die Rassismus erfahren, mit der derzeitigen Situation und wie können wir kollektiv unsere Rechte einfordern? Als antirassistische, feministische und dekoloniale Bewegung?

Mein Ziel ist es, euch zu ermutigen und aufzuzeigen, dass wir am Ende zusammen viel erreichen und nur gewinnen können, wenn auch wir als angehende Akademiker*innen im akademischen Raum die Grenzen überschreiten. So dass wir uns neue Räume schaffen können - Räume, in denen wir zur Ruhe kommen können, in denen wir versuchen können, zu heilen. Räume, in denen wir „unsere" Wissenschaft betreiben können. Räume, in denen wir lernen und verlernen. In denen wir Solidarität, Respekt und Liebe erfahren. Räume, die die Grenzen von *white* supremacy, Patriarchat und Kapitalismus herausfordern und überwinden. Mit Transformation und Community-Care. Auch wenn diese Räume sich am Schluss außerhalb der (brennenden) Hochschule befinden.

Mein Ziel ist es, dass wir lernen, für uns zu sprechen und selbstkritisch für uns zu arbeiten, sowie Ressourcen in uns zu stecken. Dass wir weniger Energie in ein System investieren, das uns so oder so ausschließt, aussaugt, Gewalt legitimiert und deshalb auch lebensgefährlich ist - für uns, und für andere outside of academia. Es ist mein Ziel, dass wir widerständiger und radikaler werden, dass wir uns auflehnen, dass wir den Status Quo herausfordern - und dass wir in der akademischen Welt nicht vergessen, wo wir herkommen. Dass wir uns nichts mehr vorschreiben lassen. Und natürlich: dass wir gewinnen! Es ist mein Ziel, dass wir Skills teilen und Erfahrungen, Geschichten an andere weitergeben, um aus unseren Kämpfen zu lernen und zu wachsen.

So hoffe ich, dass wir in Zukunft eine breite Front bilden können, gegen unsere Unterdrückung und die Unterdrückung von anderen.

Für mich

Und natürlich schreibe ich diese Arbeit auch für mich selbst.

Wie bereits erwähnt, habe ich über mehrere Monate quasi kostenlos für eine Institution gearbeitet. Ich habe diese Arbeit getan, indem ich immer wieder kostenlose Bildungsarbeit geleistet und ihnen freundlicherweise ihre unterdrückenden und rassistischen Strukturen aufgezeigt habe. Nach gefühlt 438589 Verletzungen, Nazis und Incels in meinem Postfach und gesundheitlichen Problemen, habe ich nicht sonderlich viel von der Institution zurückbekommen. Das hat mich viel gekostet:

physisch, psychisch und auch finanziell. Es war über Monate hinweg eigentlich ein unbezahlter Vollzeitjob und hat mir enorm viele Ressourcen abverlangt. Vielleicht liegt es ja einfach nur daran, dass ich - um es mit den Worten eines Professors zu sagen - nur eine Studierende bin, die es nicht wagen soll, Hochschullehrer zu belehren, die schon mehrere Länder in Afrika bereist haben.

Ein Abbruch des Studiums ist völlig legitim

Es ist mir wichtig zu betonen, dass es völlig legitim ist, ein Studium abzubrechen. Mein Ziel mit dieser Arbeit ist es nicht, euch zu drängen oder unter Druck zu setzen, es „einfach durchzuziehen". Jeder Mensch sollte die Freiheit haben, sich aus dem Hochschulbetrieb zurückzuziehen und klar zu sagen: „Das hier ist absolut nichts für mich und ich möchte das nicht". Es bringt niemandem etwas, wenn Menschen sich durch ein Studium quälen, das überhaupt nicht zu ihnen passt, sei es in einem bestimmten Fach, einer bestimmten Hochschule oder generell im Studium. Ihr müsst daran nicht zerbrechen, nur weil andere Menschen Erwartungen an euch haben. Aber natürlich ist das Abbrechen auch eine Sache von Privilegien und Perspektiven in Deutschland. Ich finde es dennoch vollkommen in Ordnung, nach Wegen außerhalb der Hochschule zu suchen, wenn man die Möglichkeiten hat. Ein Studienabbruch kann in vielen Fällen als eine Art Systemkritik gesehen werden und stellt einen krassen Akt des Widerstandes dar, wenn man sich gegen Erwartungen stellt. Es kann auch Ausdruck der Überzeugung sein, dass wahre Bildung nicht im institutionellen, akademischen Rahmen stattfinden muss.

Gedicht: Alles für uns, Ọlaide Frank 2021

Vielleicht sollten wir nicht versuchen
Brücken zu bauen
sollten Brücken sein
füreinander
Vielleicht ist es nicht zu schwer
In diesem Wandel nicht länger unter
sondern
                aufzugehen
Dann
weniger in Gedanken leben und
mehr Fragen stellen
mehr Mut
auch Schwäche anzunehmen
und Fehler zu umarmen
Mehr hier sein
aufstehen
für uns
mehr fordern
      für uns
Alles für uns
Wollen uns nicht mehr erklären
nicht mehr erklären
wer wir sind
sondern nur sein
Und vielleicht brauchen wir
               nur das und
               Gerechtigkeit

1.3 Thema und Fragestellung

Ich habe mich deshalb entschieden, meine Thesis dem Thema der Widerstandsstrategien an deutschen Hochschulen für Studierende mit Rassismus-erfahrungen zu widmen. Dabei sollen im Zentrum der Arbeit verschiedene Aspekte des Widerstandes stehen. Es geht nicht nur um meine individuelle Geschichte, sondern auch um die Bedeutung von gemeinschaftlichem, radikalem Handeln und solidarischem Miteinander. Ich werde also mein Gelerntes aus organisatorischen Prozessen innerhalb aber auch außerhalb der Institution verschriftlichen und der folgenden Frage nachgehen:

* Wie können Widerstandsstrategien und Handlungsmöglichkeiten für uns als Studierende mit Rassismuserfahrungen aussehen, um gegen Rassismus an deutschen Hochschulen wirksamen Widerstand zu leisten?

1.4 Wissenschaftliche Methodik

Eigene und communitybasierte Erfahrungen als Forschungsgrundlage

Es sollte mittlerweile klar sein, dass nichts in einem luftleeren, neutralen Raum entsteht, insbesondere nicht im Wissenschaftsbereich. Daher finde ich, dass auch die Position in existierenden Macht- und Herrschaftsverhältnissen, aus der solche Arbeiten entstehen oder aus der man forscht, berücksichtigt werden sollte.

Diese Thesis basiert hauptsächlich auf meinen eigenen Erfahrungen, die auch der Grund dafür sind, dass ich sie schreibe. Ich habe diese Erfahrungen an der Hochschule gemacht, da ich eine Schwarze, light-skinned (mit einer *weißen*, alleinerziehenden Mutter) cis-Frau bin und aus einem nicht-akademischen Haushalt stamme. Daher bilden meine eigenen Diskriminierungserfahrungen im Kontext der Hochschule die

Grundlage dieser Arbeit. Meine Erfahrungen im deutschen Bildungssystem bzw. in Bildungsinstitutionen umfassen unter anderem Anti-Schwarzen Rassismus und Sexismus (also Mysogynoir) und Klassismus.

Privilegien wie light-skinned zu sein, ein Stipendium und einen festen, sicheren Wohnplatz zu haben, die deutsche Sprache zu sprechen, den deutschen Pass oder ein großes Netzwerk zu haben, können den Widerstand im System Hochschule definitiv erleichtern. Gleichzeitig können jedoch auch andere Faktoren den Widerstand in den Formen, über die ich schreibe, erschweren, z.B. weil bestimmte Ressourcen nicht zur Verfügung stehen. Das bedeutet, dass die Strategien und Taktiken nicht von allen Menschen mit Rassismuserfahrung „so einfach" umgesetzt werden können und auch nicht müssen! (vgl. z.B.: Burlyuk; Rahbari (Hrsg.) (2023): Migrant Academics' Narratives of Precarity and Resilience in Europe)

„I am in relation to this world as I bring my story to you."
(Cairo 2021, S.33)

Ich habe, wie bereits in der Themenfindung angeschnitten, mich dazu entschieden, nicht unter den konventionellen Methoden zu forschen, sondern meine eigenen Erfahrungen gepaart mit einer wissenschaftlichen Auseinandersetzung, die auch zu einem großen Teil literarisch ist, darzulegen - was in meinen Augen natürlich auch Forschung ist. Es handelt sich also um eine qualitative Arbeit, die bewusst den Schritt markiert, subjektive Erfahrungen, persönliche Geschichten, Emotionen und Lebensrealitäten als wissenschaftlich anzuerkennen. Unter anderem auch, weil „eine Tiefenwirkung und damit nachhaltige Ergebnisse zur Bekämpfung von systemischem, institutionalisiertem Rassismus aufzubauen, […] nicht auf der Basis von quantitativer Forschung erzielt werden [kann]" (Auma zit. n. Kelly 2021, S. 56). Diese Methode ermöglicht mir eine empirische Analyse, die über rein theoretische Ansätze hinausgeht, denn Rassismus oder Anti-Rassismus sind nicht nur eine abstrakte Theorie, sondern auch Realitäten für Individuen und marginalisierte Communities.

„Storytelling is not always appreciated or taken seriously."
(Cairo 2021, S. 21)

Mir ist bewusst, dass konservative Wissenschaftler*innen oder *weiße*, pseudolinksliberale "Freigeister" dies als "nicht wissenschaftlich" oder "zu identitätspolitisch" (vgl. z.B. von Dyke 2019) abtun würden, aber das ist mir egal. Ich bin über den Punkt hinaus, darüber zu diskutieren. I ain't got time for that bullshit. Unter progressiven Wissenschaftler*innen, insbesondere in macht- und herrschaftskritischen und dekolonialen Kontexten, werden bspw. die "Auto/ biografische Wissens-produktion" (angelehnt an Erel 2021, S.147 ff.) und das Storytelling (vgl. z.B. Cairo 2021) anerkannt und auch ständig verwendet - siehe z.B. Schwarz, feministische Wissenschaft und Literatur!

Meine wissenschaftliche Methode richtet sich nicht an *white* academia oder kommt nur ihr zugute. Es geht nicht darum, "über" etwas zu forschen, sondern um das Öffnen von Raum für alternative Erzählungen, Selbstrepräsentation und Empowerment - auch für ein kollektives Wachsen und kollektive Wissensre_produktion. Die Methode bietet Raum für die Dekolonisierung von Wissenschaft und erweitert den Raum für diverse Stimmen und Erfahrungen - nicht nur meiner.

"Während deutsche Institutionen afrodiasporische Wissensproduktionen verkennen, wirken diese Wissensbestände, dennoch als nicht-staatliche Wissensressourcen. Sie setzen sich zu kontrapunktischen Archiven der multidimensionalen Intersectional Black European Studies zusammen. Sie tragen zum transnationalen Black Studies Movement bei. Afrodiasporische Wissenschaftler*innen im deutschsprachigen Raum haben, in Abwesenheit institutioneller Strukturen, eigene epistemische Gemeinschaften aufgebaut und kontinuierlich gepflegt." (Prof. Dr. Maisha Auma und Saraya Gomis in Afrozensus 2020, S. 12)

Literaturrecherche

Außerdem werden meine Erfahrungen und Erkenntnisse durch eine intensive Literaturrecherche, die ich während des Studiums betrieben habe, wissenschaftlich unterstützt. Das Lesen von Schwarzer Literatur hat mir sehr geholfen, weil ich dadurch verstanden habe, dass ich meine Erfahrungen nicht alleine mache und dass es für so ziemlich alles eine wissenschaftliche Grundlage gibt. Ich hätte in dieser Arbeit auch gerne viel mehr Quellen benutzt, die ausschließlich in den sozialen Medien "publiziert" werden. Zum Beispiel von anderen Menschen mit Rassismuserfahrungen, die dort über ihre Erfahrungen berichten und ihre Geschichten erzählen und ihr Wissen teilen. Ich habe allerdings bei der Erstellung dieser Arbeit meine Social-Media-Kanäle weitestgehend deaktivieren müssen, sonst hätte der Schreibprozess nicht funktioniert - wegen Ablenkung und so. Ich stelle hier aber klar, dass ich die Wissensproduktion auf Social Media auch als solche anerkenne und ich finde, dass man auch sehr gut wissenschaftliche Arbeiten schreiben kann, indem man z.B. anti-rassistische Online-Aktivist*innen und deren Content zitiert.

1.5　Weitere Informationen

Im Folgenden spreche ich einige grundlegende Punkte an, die mir wichtig sind, bevor ich mein Verständnis zum Thema Hochschule beschreibe.

Sprache und Schrift

Eine Sache, die mich in der „Wissenschaft" aufregt, ist, dass so viele Menschen Schwierigkeiten haben, „wissenschaftlich" zu schreiben oder diese ätzenden Texte zu lesen, bei denen man einen Satz zehnmal lesen muss, um ihn zu verstehen. Oder dass man versuchen muss, sich verbal und schriftlich innerhalb dieses völlig statischen Sprachkorsetts zu bewegen, um eine wissenschaftliche Akkreditierung zu erlangen.

"Die universitäre Sprache unterscheidet sich radikal von unserer alltäglichen Umgangssprache. Höchstens die Sprache der Bürokratie kommt ihr nahe, wohl weil sie ebenfalls ein Mittel der scheinbar unpersönlichen Herrschaft ist." (Wagner 2012, S. 50)

Oder wie meine Freundin Jasmin beim Korrekturlesen so schön kommentierte:

"FUCKING ÜBERINTELLEKTUALISIERUNG MIT DEM ZIEL ZU GATEKEEPEN. Es macht mich so wütend".

In meiner Arbeit an Hochschulen höre ich immer wieder von Studierenden, dass dies eine große Hürde ist und viele Ressourcen wie Zeit in Anspruch nimmt. Häufig höre ich, dass es ihnen keinen Spaß macht und auch kein besonders angenehmes Gefühl hinterlässt. Die Verwendung einer solchen Sprache bzw. der Druck, sie zu verwenden, ist einer der unnötigsten und vor allem unauthentischsten Ansprüche, die von *white* academia gestellt werden: Sprecht und schreibt so wie wir *weiße*, deutsche pseudo-intellektuelle Akademiker*innen und Professor*innen in unseren „Wissenschaftlichen Arbeiten". Ich frage mich: Muss das so sein?! Und wenn ja, warum? Es ist ein mega klassistisches Werkzeug, das gerade Personen aus nicht-akademischen Haushalten ausgrenzt. Alles, was man also damit bezweckt, ist auch hier die Aufrechterhaltung von einem unterdrückenden Status Quo, der bestimmte Menschen aus dem Diskurs ausschließt.

Anstatt, dass wir unsere Ressourcen reinstecken, um zu lernen, es genauso zu machen, sollten wir Ressourcen reinstecken, uns dagegen kollektiv aufzulehnen. Ich übe mich darin, mich nicht auf diesen Scheiß einzulassen. Obwohl das auch mir oft schwerfällt, weil es in fünf Jahren Studium ja doch irgendwie so verinnerlicht wird und ich ja auch auf mein Gegenüber (z.B. Prüfer*innen) angewiesen bin. Seitdem ich das allerdings begriffen habe, fühle ich mich viel freier als zu Beginn meines Studiums, wo ich mich dahingehend noch irgendwie anpassen wollte - und gleichzeitig dachte, ich wäre nichts für academia, weil es mich die ersten Semester richtig fertig gemacht hat und ich auch deshalb oft dachte, ich schaff das nicht. Dabei ist man nicht „schlauer", wenn man diese Sprache kann, sondern die Sprache ist einfach so ätzend, weil einfach fast fucking niemand so redet und man keinen Bezug dazu hat. Es ist einfach realitätsfern, zumindest für Menschen wie mich, die nicht in der *weißen* Bürgi Akademikerbubble abhängen.

Im Verlauf meiner Arbeit wird es auch ein separates Kapitel dazu geben. Was ich vorab nur sage, ist, dass meine Arbeit bewusst so geschrieben ist, dass ich mich nicht gezwungen sehe, so zu schreiben, wie es „die Wissenschaft" sprachlich erwartet. Mein Schreibstil orientiert sich daran, wie ich spreche und wie ich bin. Wenn ich schreibe, versuche ich auch, meine Stimme und Persönlichkeit zum Ausdruck zu bringen. I love Polemik und das macht meine Arbeit nicht weniger wissenschaftlich!

Ein weiterer Faktor für mich ist die „deutsche Rechtschreibung". Ich mache häufig, z.B. in meinem Online-Aktivismus, die Erfahrung, dass Menschen, vor allem *weiße* deutsche Menners, mich kritisieren, weil meine „deutsche Rechtschreibung nicht stimmt". Anstatt sich auf den Inhalt der Macht- und Herrschaftskritik zu konzentrieren, wird dieser für nichtig erklärt. Ich nenne das mittlerweile „Rechtschreibpolicing", angelehnt an den Begriff „Tone-Policing". Tone-Policing bezieht sich darauf, wenn jemand den Inhalt einer Aussage oder Argumentation ignoriert oder abwertet, indem er sich auf den Ton oder die Art und Weise konzentriert, wie die Aussage gemacht wird. Das führt bei (mehrfach) marginalisierten Menschen dazu, dass sie nicht ernst genommen, diskreditiert oder herabgewürdigt werden, weil sie angeblich „zu emotional" oder „zu wütend" sind. Bei der Rechtschreibung heißt es dann schnell: „Lern erstmal richtig Deutsch, bevor du hier etwas zu sagen hast." Für mich hat sowas wie Rechtschreibung nur leider keine Priorität mehr.

Des Weiteren ist mir wichtig hier noch anzumerken, dass Sprache dynamisch ist und sich im Laufe der Zeit entwickelt und verändert. Ich bemühe mich nach bestem Wissen und Gewissen, niemanden auszuschließen. Mir ist bewusst, dass Sprache ein sensibles Thema ist und ich versuche das zu berücksichtigen.

Fachbereich

Ich verfasse diese Thesis als Studentin der Sozialen Arbeit und der angewandten Sozialwissenschaften. Das bedeutet, dass ich aus einem spezifischen Fachbereich heraus über das Thema schreibe. Mir ist bewusst, dass die Erkenntnisse, Strategien und Beispiele, auf die ich eingehe, nicht eins zu eins auf andere Fachbereiche, Institute, Fakultäten, Organisationen, Institutionen, Unternehmen usw. übertragbar sind, da der Ausgangspunkt eventuell ein anderer ist. Trotzdem bin ich fest davon überzeugt, dass die Strategien und Taktiken, Aktionen auch auf andere Strukturen, Orte und Räume anwendbar sein können.

Da ich mich in einem Bereich bewege, der sich unter anderem als „Menschenrechtsprofession" versteht, ist es mir besonders wichtig zu betonen, dass die Wahrung der Menschenrechte auch in der Lehre, Wissenschaft, Forschung und an Hochschulen - überall, nicht nur in den Sozialwissenschaften - erfolgen muss. Dies gilt nicht, weil sich an diesen Orten Gesellschaft und Soziales abspielen und dort schlichtweg Rechte gelten. Zudem legitimieren Hochschulen mit ihrer Wissensre_produktion letztendlich das Handeln in der Praxis. Es besteht also ein unmittelbarer Zusammenhang zwischen Lehre und Theorie an Hochschulen und deren Umsetzung - auch in globalen Macht- und Herrschaftsverhältnissen.

Wissen / Quellen / Literatur

Bei der Auswahl meiner Quellen und Literatur beziehe ich mich überwiegend (aber nicht nur) auf Schwarze und feministische Wissensbestände (meist aus dem deutschen oder amerikanischen Kontext), da ich mich in meinem Studium und in meiner Arbeit hauptsächlich mit ihnen beschäftige. Ich greife auf das Wissen von Jahrhunderten des Widerstandes und der Befreiungskämpfe zurück. Mir ist es wichtig zu betonen, dass ich mein Wissen anderen Schwarzen Menschen verdanke, insbesondere Schwarzen, dark-skinned FLINTA* und ihren revolutionären Ansätzen zu race, class und gender, sowie ihrem Widerstand gegen ein von *weißer* Vorherrschaft geprägtem Patriarchat und dessen Institutionen. Sie haben mir den Weg geebnet, auf dem ich heute gehe und diese Arbeit verfassen kann. Meine Literatur- und Quellenangaben sollen auch deshalb nicht nur als Verweise wegen Plagiat betrachtet werden, sondern auch als Empfehlung, diese zu lesen, zu schauen etc.

Und selbstverständlich beziehe ich den Großteil meines Wissens auch von Personen in meinem direkten Umfeld, die mich kontinuierlich mit ihren Ansichten, Sichtweisen und Perspektiven bilden und unterstützen. Ohne eure Unterstützung und eure Wissensbeiträge könnte ich diese Arbeit nicht in der Form verfassen.

„Wir" - Die Studierenden mit Rassismuserfahrungen

Bei dem „wir" (Studierende mit Rassismuserfahrungen) sind alle gemeint, die sich damit identifizieren können. Mit dem Bewusstsein, dass wir als Studierende mit Rassismuserfahrungen ein breites Spektrum an Erfahrungen mitbringen und nicht aus einer homogenen Masse bestehen. Einerseits erleben wir verschiedene Arten von Rassismen, die sich unterschiedlich auf unsere Erfahrungen auswirken. Andererseits haben wir auch verschiedene andere Diskriminierungserfahrungen aufgrund von Geschlecht, Klasse, Sexualität, Alter, Religion, Behinderung, Beeinträchtigung, Neurodivergenz, Staatsangehörigkeit, Sprache usw., die sich überschneiden können (Intersektionen) und die die Diskriminierungserfahrungen verstärken können, wenn es sich um eine Mehrfachdiskriminierung handelt. Es ist mir auch klar, dass wir nicht alle die gleichen politischen Einstellungen teilen (vgl. auch Kapitel 3 „Unsere Stärke als „outsider within").

1.6 Aufbau der Arbeit

Die Arbeit beginnt mit einem einführenden Teil (Kapitel 1), der die Entstehungsgeschichte und die daraus resultierende Fragestellung ausführlich beschreibt und die Zielgruppe klar benennt. In den folgenden Abschnitten dieses Kapitels liefere ich die wissenschaftliche Methodik und weitere grundlegende Informationen zur Arbeit.

Im zweiten Kapitel erläutere ich ein paar meiner Standpunkte und mein aktuelles Verständnis von Hochschule. Dabei kritisiere ich die Unfähigkeit, Gerechtigkeit herzustellen, aufgrund ihres institutionellen Konzepts und auch, wie *Diversity*konzepte an Hochschulen vereinnahmt werden, ohne radikal an die Wurzel der Probleme zu gehen. Im Zuge dessen erwähne ich auch den aktuellen Stand der Forderungen (!), und nicht den Stand der Forschung nur aus einer *weißen* Wissenschaftsperspektive. Im dritten Kapitel präsentiere ich die Theorie 'the outsider within' von Prof. Dr. Patrcia Hill Collins, mit der ich unsere strategische Stärke zum Vorschein bringe.

Kapitel 4 widmet sich der Frage der Radikalität, Wut und Selbstverteidigung. Dabei betone ich die Bedeutung eines kollektiven, radikalen *Mindsets*, das strategisch notwendig ist, wenn man nachhaltige Veränderungen erzielen und sich nicht immer wieder durch Reformen innerhalb eines weiterbestehendem kapitalistischen Systems nach dem „Zuckerbrot und Peitsche Prinzip" kaufen lassen will.

Der Fokus der Arbeit verschiebt sich dann in Kapitel 5 zu einem Verständnis von Aktivismus aus Schwarzer, feministischer Perspektive. Dabei beleuchte ich, warum Aktivismus für Menschen mit Rassismuserfahrungen eine Widerstands- und Überlebensstrategie im Hochschulraum darstellt, die es ihnen ermöglicht, sich gegen Ausbeutung und Gewalt zu erheben - entgegen konservativer Stimmen, die Aktivismus dämonisieren und bei der "Bekämpfung" von "aktivistischen Tendenzen" rassistischen und kolonialen Argumentationen verfallen.

Daraufhin gehe ich in Kapitel 6 in die Aufzählung und Erläuterung konkreter Zwischenziele, Taktiken, Aktionen und aber auch Organisationen, Initiativen, Bewegungen, Gruppierungen, die bei der Inspiration und Umsetzung für die Praxis verhelfen sollen. Zusätzlich werde ich in Kapitel 7 kurz auch Repressionen und Backlashes behandeln, um eine realistische Einschätzung der Herausforderungen zu ermöglichen.

In Kapitel 8 bringe ich abolitionistische Perspektiven ein, da mein Ziel eine umfassende Auseinandersetzung über langfristige Ziele und Visionen des Widerstandes an Hochschulen ist. Nicht nur im Kontext des Kampfes gegen Rassismus, sondern auch im Hinblick auf transformative Veränderungen der Gesellschaftsform inkl. ihrer Institutionen.

Abschließend fasse ich in einem Fazit meine Erkenntnisse zusammen, in dem ich euch einen Vorschlag mache, wie wir weiter vorgehen könnten.

2. Verständnis von Hochschule und Wissenschaft

„No one is going to give you the education you need to overthrow them. Nobody is going to teach you your true history, teach you your true heroes, if they know that that knowledge will help set you free."

Assata Shakur

In diesem Kapitel werde ich genauer auf meine aktuellen, antirassistischen und feministischen Standpunkte gegenüber dem deutschen Hochschulsystem eingehen. Mir ist diese Herangehensweise wichtig, da sie mir ermöglicht, meinen äußerst kritischen Blick auf die Institution bzw. den Ort Hochschule zu werfen und dabei insbesondere die Verflechtungen von Machtstrukturen zu beleuchten.

Meine eigene Positionierung in Bezug auf die Hochschule ist insoweit wichtig, da sie eine transparente Grundlage schafft. Als Schwarze Feministin, die sich intensiv mit Anti-Rassismus, Feminismus, Anti-Kapitalismus, Dekolonisierung und Befreiungskämpfen auseinandersetzt, bin ich der Ansicht, dass wir als Menschen mit Rassismuserfahrungen und (Mehrfach)Marginalisierungen eine spezifische Perspektive einbringen, die unsere Sicht auf deutsche Hochschulen nochmal anders prägt als die von der *weißen* Dominanzgesellschaft. Im Folgenden werde ich meine Perspektive darlegen, um euch zu ermöglichen, meine Arbeit und mein Handeln besser zu verstehen und von Anfang an klare politische Fronten zu schaffen. Denn in den folgenden Unterkapiteln wird deutlich, dass Subjektivität in der Wissenschaft sehr wohl eine Rolle spielt und dass wir es hier mit einem äußerst politischen Thema zu tun haben. Durch meine Darlegung will ich euch ermutigen, eure Analyse im Kontext eurer eigenen Erfahrungen zu betrachten und euch selbst mit einem klaren Verständnis der komplexen

Wechselwirkungen von Macht, Unterdrückung und der Wissensre_produktion zu sehen.

Dies kann eventuell Studierenden helfen, Argumente zu finden, wenn sie mit der „*white* fragility" oder anderen Abwehrmechanismen von Wissenschaftler*innen oder anderen Akteur*innen im Hochschulsystem konfrontiert werden. Diese haben wahrscheinlich nichts anderes im Sinn, als ihren Status zu schützen und zu verteidigen, indem sie die Perspektive der Studierenden herabwürdigen.

Daher werde ich in den Unterkapiteln verschiedene Bereiche behandeln, die mich während meines Prozesses hauptsächlich beschäftigt haben. Dabei musste ich insbesondere gegen dominierende verlogene Erzählungen, Vorstellungen und Strukturen im neoliberalen Hochschulsystem kämpfen, denen ich als kommunistische, abolitionistische und anti-faschistische Studentin, Sozialarbeiterin und Aktivistin wissenschaftlich, fachlich und politisch widerspreche.

2.1 *Diversity* innerhalb der Institution

Diversity ist in Sternchen, weil ich einfach super genervt davon bin, wie inflationär und selbstgerecht dieser Begriff ständig genutzt wird.

Ich denke, wir müssen nicht großartig darüber diskutieren oder debattieren, ob deutsche Hochschulen das sind, was sie vorgeben zu sein - ähnlich wie andere kapitalistische Institutionen, Unternehmen etc. Dennoch gehe ich kurz auf das völlig verzerrte Selbstbild ein, das Hochschulen von sich selbst haben, insbesondere in Bezug auf *Diversity* und Chancengleichheit. Lasst uns noch einmal verinnerlichen, mit was wir es hier eigentlich zu tun haben.

„Weiß geführte Institutionen können nur Vorzeige- ›Lehraufträge‹ vergeben, sogar an die erfahrensten Schwarzen Professor_innen. Aber sie werden nie Raum bieten für eine gleichberechtigte Machtverteilung." (Kuria 2015, S. 18)

Deutsche Hochschulen haben sich vollständig der **Ideologie des Neoliberalismus und Kapitalismus samt des Wachstumsgedankens** hingegeben, und es scheint offensichtlich, dass sie kein Interesse daran haben, am Status Quo zu rütteln (vgl. z.B. Sahin 2020, S. 243 ff.; Wagner 2012). Daher geben sie gerne vor, dass Chancengleichheit und der Versuch, diese zu erreichen, bei ihnen großgeschrieben werden und sie das Problem verstanden haben. Die Leitbilder, Internetpräsenzen und öffentlichen Auftritte suggerieren oft einen starken Einsatz gegen Ungerechtigkeiten. Meine eigenen Erfahrungen und die anderer Menschen zeigen allerdings etwas anderes.

Innerhalb meines Studiums hatte ich eine Prüfungsleistung in *Diversity*Management abzulegen. Also entschied ich mich, mit zwei meiner Kommiliton*innen unsere Hochschule und Fakultät genauer unter die Lupe zu nehmen. Ich habe den öffentlichen Auftritt (z.B. Website) durchforstet, mehrere persönliche Beispiele betrachtet, Veranstaltungen und das Curriculum analysiert. Das Ergebnis bzgl. Strukturen in der Institution war, sagen wir es mal: nicht sonderlich divers. Aber das ist nicht nur an meiner Hochschule ein Problem, kein isolierter Einzelfall, sondern ein **tief verwurzeltes strukturelles Problem von Institutionen** - auch Bildungsinstutionen, speziell und gerade Hochschulen. Denken wir bspw. nur mal an #ichbinhannah oder #ichbinreyhan (Sichtbarmachung von Intersektion zwischen Sexismus und Rassismus von Dr. Lady Bitch Ray ins Leben gerufen), #metooscience, oder an all die Menschen of Color, die seit Jahrzehnten, gar Jahrhunderten die Probleme benennen, die innerhalb dieser Institutionen auftreten. Es ist definitiv nicht so, als ob diese Probleme mit fehlendem

Wissen zu tun hätten, sondern eher mit Wissen, das ignoriert und ausgeblendet wird.

Ehrlich gesagt kann ich deutsche Hochschulen einfach wirklich nicht mehr ertragen und vor allem auch auf gar keinen Fall mehr ernst nehmen. Freiberuflich an Hochschulen unterwegs zu sein ermöglicht es mir kein Blatt vor den Mund zu nehmen und mich mit Studierenden richtig über dieses völlig absurde System abzufucken und zu akademischen Riots aufzurufen.

Dinge, die diese Institutionen re_produzieren, sind unglaublich schlimm und gewaltvoll. Mittlerweile sind sie in meinen Augen aber auch einfach nur noch peinlich, insbesondere wenn man den Aspekt des **„Diversity Washings"** und die angeblichen „Bemühungen" im Anti-Diskriminierungs- und Anti-Rassismus-Bereich betrachtet. Es ärgert mich dabei auch, wie deutsche Hochschulen vorgeben, Vorreiter im Bereich von *Diversity* zu sein, während rassistische Strukturen und andere Diskriminierungen intern weiterhin ignoriert oder verschlimmert werden. Gleichzeitig wird der Bereich von DEI (Diversity, Equity, Inclusion) von *weißen* Menschen eingenommen, obwohl das Wissen und die ganze Arbeit dahinter vor allem auf BIPoC und deren Kämpfe zurückzuführen sind.

> "Denn auch jüngste Versuche, die universitäre Institution im Hinblick auf Diversität zu öffnen, haben bisher zur Folge, dass in erster Linie weiße Frauen eingestellt werden. Wahre intersektionale Diversity an deutschen Hochschulen im Sinne des Vorkommens von mehr Menschen mit Migrationsbiografie, gestaltet sich bislang anscheinend schwierig. Und wenn People of Color Posten an Universitäten erhalten, erfolgt dies aus unüberwindbaren fachspezifischen Gründen der »Interkulturalität«, also, wenn es wirklich keine anderen weißdeutschen Menschen mit derselben Qualifikation gibt oder es, wie zum Beispiel bei Fächern wie Afrikawissenschaften oder Turkologie, komisch aussehen würde, wenn dort jemand ohne einen dem Fach entsprechenden Background arbeiten würde. Aber sogar in diesen Fakultäten wird man bezüglich höherer Positionen, wie etwa fest eingestellte Dozent*innen und Professor*innen, wenige Menschen mit Migrationsbiografie antreffen." (Sahin 2020, S. 245)

Es reicht also nicht, ein paar Bilder von nicht-*weißen* Gesichtern auf den Werbebroschüren zu klatschen und dann zu behaupten, man sei gerecht oder „ohne Rassismus". Ich finde, sie weigern sich, das Problem bei der Wurzel anzupacken und halten lieber an veralteten, eurozentrischen und kolonialen Strukturen fest. Dabei ist es krass zu beobachten, wie wir als Menschen oder Studierende, die Erfahrungen mit Rassismus und anderen Diskriminierungen machen, innerhalb dieses Systems instrumentalisiert, ausgenutzt, ausgebeutet und vor allem auch ausgegrenzt werden.

> „Within racism, Black bodies are constructed as improper, as bodies 'outside place' and, therefore, as bodies which cannot belong. White bodies, on the contrary, are constructed as proper, they are bodies at home, 'in place', bodies which always belong. Through such comments, Black scholars are persistently invited to return to 'their place,' 'outside' academia, where our bodies are at home." (Kilomba 2020, S. 29)

Aber heute ist es auch sehr interessant zu beobachten, wie wenig diese völlig eingerosteten Institutionen verstehen, dass es mittlerweile sehr wohl sehr viele Menschen gibt, die Unterdrückung verstanden haben, und sie immer noch so **krampfhaft an ihren konservativen Rollen und Mechanismen festhalten**.

> „The German academic system is a broken time-machine, where medieval hierarchies and feudal bonds co-exist alongside the 21st-century neoliberal mechanisms of labor devaluation." (Vatansever 2023, S.149)

Was deutsche Hochschulen heutzutage machen, ist der vermeintliche Versuch, „diverser" zu werden bzw. sich „diverser" zu geben. Sie wissen, dass es besser für das Image ist - sie machen es aber nicht, weil sie es wirklich wollen. Das würde nämlich wiederum bedeuten, dass ein Großteil ihrer Akteur*innen, wie beispielsweise Professor*innen, u.a. ihre Posten abgeben und den Weg frei räumen müssten. Zudem müssten sie sich auch von einem Staat lösen, der gerade immer faschistischer wird.

Mit den Versuchen, das Image durch *Diversity* zu pushen, gehen für Menschen die Rassismuserfahrungen machen bereits die nächsten Probleme einher. Denn wenn das **Selbstbild so verzerrt** ist, wird es für Menschen, die bspw. Rassismus erfahren, noch schwieriger, dagegen anzukämpfen. Das ist in etwa vergleichbar mit "Schule ohne Rassismus. Schule mit Courage", wo sich vor allem *weiße* Menschen selbst den Stempel aufdrücken, nicht rassistisch zu sein. "Schule ohne Rassismus". Klingt super. Ist sicherlich auch wünschenswert. Aber vor allem in Deutschland ist es immer noch völlig fern der Realität und einfach pure **Heuchelei**. Ich behaupte, es gibt keine Bildungseinrichtung, wo es keinen Rassismus gibt. Das gibt die Institution Schule innerhalb ihrer Strukturen gar nicht her. Wie soll das auch funktionieren, wenn wir doch alle rassistisch sozialisiert sind? Außerdem: Wie viel Mitspracherecht haben eigentlich die Menschen, die von dieser Unterdrückung betroffen sind? Und: Ist das politisch überhaupt gewollt? Ist es gewollt, dass (Mehrfach)Marginalisierte einen Platz am Tisch an deutschen Hochschulen haben, und wenn ja, wieviel Platz?

Zudem ist alles immer zusätzlich begleitet von einem Haufen **leerer Versprechungen** und vor allem **fehlenden Taten**. Wie Sara Ahmed (2012, S. 140) in ihrem Buch 'On being included: racism and diversity in institutional life' so schön schreibt: "Diversity work plays what we could call a catch-up game, working in the gaps between what institutions say and what they do". Diese ganzen Lippenbekenntnisse und auch Non-Pologies zu Anti-Rassismus und *Diversity* sind nichts - gar nichts - wert, wenn keine konkreten Maßnahmen ergriffen und Verantwortung übernommen wird - auch zum Wohle der Studierenden! „So sind Verantwortungslosigkeit, Rassismus, Ausgrenzung, Othering und Diskriminierung gegenüber Schwarzen Studierenden und People of Color an den

Universitäten und Hochschulen des Landes leider größtenteils strukturell verankerter Alltag" (Sahin 2020, S. 258) - auch heute noch!

So wie ich das beobachte, **mahlen die Mühlen an deutschen Hochschulen sehr, sehr, sehr langsam** - bzw. sie mahlen überhaupt erst, wenn es Druck vor allem von Studierenden gibt. Von alleine geht da nichts. Aber wieso sollte es auch? Der Unterdrücker wird halt nie von alleine aufhören zu unterdrücken. Und um was geht es eigentlich? Ich sage, es geht vielen Akteur*innen in academia und an Hochschulen nicht darum, eine gerechtere Welt zu schaffen, sondern vor allem um Reputation und Macht. Es geht um Deutungsmacht und Definitionsmacht. **Sie wollen „Wissen" für sich beanspruchen, um daraus Kapital zu schlagen.** Vanessa Thompson nennt dies den neuen Hegemonialdiskurs, der so neue Konflikte zwischen marginalisierten Gruppen befördert (vgl. Thompson 2021a, S. 136; 141).

Diese Heuchelei deutscher Hochschulen rund um *Diversity* ist an verschiedenen Punkten festzumachen, die man in den Hochschulstrukturen und im -alltag sehr gut beobachten kann: Zum einen ist es der unfassbare **Tokenismus**, der stattfindet und immer nur einzelne von uns „nach oben" lässt, damit man mit ihnen angeben kann oder sein schlechtes Gewissen bereinigt („Wir können ja gar nicht..."). Dann sind es oft symbolische Maßnahmen, die für BIPoC keinerlei grundlegende Änderungen hervorrufen. Es ist die immer noch mangelhafte Repräsentation von (macht- und herrschaftskritischen) BIPoC in Lehrpositionen und Forschung, die Unzugänglichkeit für internationale Studierende und Wissenschaftler*innen, curriculare Inhalte und die fehlende Sensibilität, die u.a. für Mikroaggressionen bei Studierenden sorgen. Also auch die **mangelnde Anerkennung von Rassismuserfahrungen im System Hochschule.** Gepaart mit einer unfassbaren **Ignoranz und Arroganz** „von oben herab", von den „Wissenden".

"Hochschulen sind nicht nur Schauplätze von Hierarchien, Ausgrenzung, Rassismus und Sexismus, sondern auch Orte der Konformität und Konventionen. Diese Konventionen dulden nur den gewohnten Habitus von mehrheitlich weißen Mitgliedern der ScienceCommunity. Alles, was von diesem Habitus abweicht, wird markiert, exkludiert, Aufstieg oder Inklusion werden dieser Person erschwert." (Sahin 2020, S. 257)

Aber das ist ja auch klar - eine *weiße* und kapitalistische Institution wird immer versuchen, sich selbst zu retten und nicht abzuschaffen. Eine Institution im herrschenden System wird immer für ihr Weiterbestehen kämpfen. Und sie wird sich immer und immer wieder als etwas Gutes verkaufen wollen, sonst würde sie ja eventuell in der Gesellschaft ihre Legitimation verlieren.

"Der offizielle Zweck der Hochschulen ist das Lösen schwieriger Probleme in Lehre und Forschung. Doch weil der Wunsch nach Aufstieg und Exklusivität die Kommunikation in Lehre und Forschung beherrschen, entsteht der heimliche Lehrplan »Überlegenheit« - der Akademikerhabitus. Dieser »heimliche Lehrplan« ist vermutlich viel wichtiger als die Ergebnisse des inhaltlichen Studiums." (Wagner 2012, S.63)

2.2 Die Sache mit den Professuren

Die Machthierarchien im Hochschulsystem sind zwar super vielschichtig, aber Professuren sind eins meiner Lieblingsthemen:

Aus meiner Sicht sind Professuren (ich rede hier nicht von Lehrenden!) eine völlig **absurde und auch unnötige Instanz**, v.a. wenn man die Entstehung von Hochschulen und Professuren betrachtet. Ich weiß, wenn das Professor*innen lesen, kicken bei den meisten richtig hart die Abwehrmechanismen, weil niemand gerne zugibt, unnötig zu sein, und sie ja auch „hart dafür gearbeitet" haben, Professor*innen zu werden. Das stimmt bei einigen, die auch wirklich Credits für ihre Arbeit bekommen sollten, bei anderen (wirklichen vielen), wie ich finde, aber nicht. Vor allem dann nicht, wenn ihre Posten auf Ausbeutung oder schlichtweg schlechter Arbeit beruhen - und ja, das geht auch in „der Wissenschaft" (vgl. z.b. auch Wagner 2012, S. 69 „Wie wird man Professor?"). Durch die Gründung von Universitäten und Hochschulen wurde **Wissen institutionalisiert und somit eingeschlossen bzw. von den anderen Teilen der Gesellschaft ferngehalten.** Menschen, die also nicht in diesen Institutionen arbeiten, haben keinen Zugang zu diesem Wissen und dem damit einhergehenden Kapital. Dabei haben vor allem Professor*innen sehr viel Kontrolle und Ressourcen. **Sie sind die „Wissenden" und alle anderen die "Nicht-Wissenden"** (vgl. Roig 2021, S. 108). "Wissen [wurde] zu einer Ware, die gekauft und verkauft werden kann, und trug deshalb im kapitalistischen System zur Aufrechterhaltung von Klassenunterschieden bei" (ebd.). Das heißt, wer heute Professor*in ist, hatte auch meist das nötige Kapital Professor*in zu werden (vgl. ebd. ff.) und (!) trägt bis heute zu unausgeglichenen Machtverhältnissen bei. Zudem sind die „westlich modernen bürgerlichen Universität[en], wie sie sich im 19. Jahrhundert herausgebildet [haben, eng] verknüpft mit der Formation von Nationalstaaten" und waren somit „Teil der Produktion kolonial-rassistische[r] Macht-Wissen Komplexen" (Thompson 2021a, 131 f.)

Allerdings erweckt sich mir nicht der Eindruck, dass das viele Professor*innen sonderlich stört - wieso sollte es auch? Geschweige denn, dass sie aktiv etwas gegen dieses Ungleichgewicht tun würden. Sie haben keinen Grund dazu, innerhalb ihrer "**Reputationsmaschinerie**" (vgl. Wagner 2012, S. 79 ff.). Die Sichtweise dieser Professor*innen wird von ihnen selbst als „universell", „neutral" und „objektiv" im Hochschulsystem verkauft. Dabei haben „*weiße* Subjekte [...] ein Eigeninteresse daran, dass die Definitionsmacht entlang *weißer* Wissensarchive verläuft, da darin auch ihre Selbstbilder verhandelt werden" (Aslan 2017, S. 755), die gleichzeitig vor allem auch Schwarze, kritische Stimmen vom wissenschaftlichen Diskurs ausschließen. In Deutschland kann man leicht feststellen, dass nur sehr wenige Schwarze Menschen eine Professur innehaben, obwohl sie seit jeher bedeutende Arbeit zu Themen wie race, class, gender, Unterdrückung, Ausgrenzung, *Diversity* Befreiung etc. leisten.

Des Weiteren ist bekannt, dass Professuren rar sind und nicht jede Person die Möglichkeit hat, eine zu erhalten. Dies führt dazu, dass Professuren, insbesondere in Deutschland, größtenteils von einer privilegierten Gruppe von *weißen* Akademiker*innenkindern besetzt sind, am besten noch mit Nazi- und/oder Colonizer-Familiengeschichte. Dieses Konzept empfinde ich als lächerlich, vor allem in Anbetracht der Tatsache, dass diese Zustände mittlerweile wissenschaftlich belegt sind. Und ich frage mich, warum wir als Gesellschaft akzeptieren, dass diese kleine Gruppe von Menschen den Anspruch auf das "Wissen" dieser Gesellschaft erhebt und hortet, als wären sie die einzigen „Wissenden" im Spiel. **Besonders aus einer Schwarzen, feministischen Perspektive ist dies eine gewaltvolle Realität,** da wir ganz genau wissen, wie viel Gewalt und Machtmissbrauch hinter Professuren stecken und wie sehr diese Positionen Brutstätten rassistischer, kolonialer und patriarchaler Gewalt sind. Die Macht, die sie haben, wird oft missbraucht und nicht ausreichend selbstkritisch reflektiert. Ziemlich viele Professor*innen scheinen mit ihren Privilegien zu kuscheln und tragen dazu bei, (mehrfach)marginalisierte Stimmen unsichtbar zu machen. Ich habe eher das Gefühl, dass viele *weiße* Professor*innen gerne die Augen vor dieser Ungerechtigkeit verschließen. Es spielt für sie einfach keine Rolle, es sei denn, sie sind z.B. explizit in der Rassismusforschung tätig – und selbst darüber lässt sich sehr gut „streiten".

Ich bekomme immer wieder mit, dass BIPoC aus academia, die in Deutschland studiert und im wissenschaftlichen Bereich gearbeitet haben, in andere Länder gehen wie z.b. Kanada, die USA oder Niederlande, weil es hier in Deutschland ab einem bestimmten Punkt nicht mehr vorangeht. **Die deutsche Wissenschaftslandschaft will uns nicht.** Und schon gar nicht als Professor*innen und erst recht nicht, wenn wir radikal, macht- und herrschaftskritisch und laut sind. Natürlich gibt es an jeder Hochschule Ausnahmen, meistens Tokens (vgl. z.b. Sahin 2019, S.261 ff.), aber die überwiegende Mehrheit besteht nach wie vor aus Menschen, die nicht von Rassismus betroffen sind. Ich weiß, ein paar werden sich denken: "Ja Tarah, das sind aber nicht alle, die so beschissen sind". Es handelt sich hier um ein System. Und ja, natürlich gibt es auch sehr stabile und sehr kompetente Professor*innen, die meinen vollen Respekt verdient haben. Die auch zwischenmenschlich super mit einem umgehen und es gibt auch diejenigen, die das Problem verstehen, aber das ändert nichts an der Präsenz des Machtgefälles und der Gewalt, die immer wieder von Professuren ausgeht.

Und was bringt mir da das "Not all"- Argument, wenn Wissenschaftler*innen of Color sehen, dass sich die Mehrheit ihrer *weißen* Kolleg*innen nicht für sie einsetzt?

Ich bin es auch Leid, dass von uns als Studierenden erwartet wird, dass wir unser „Können" ihnen gegenüber beweisen müssen und nicht umgekehrt.

Was ich noch gerne zu bedenken geben würde: Viele Professor*innen sind **verbeamtetet.** Das heißt sie haben ein Arbeitsverhältnis auf Lebenszeit - mit dem Staat, der gerade immer und immer weiter nach rechts driftet! Was tun sie dagegen? Es ist sehr interessant nachzuschauen, was Hochschulen und Professor*innen im Nationalsozialismus oder während der Kolonialisierung gemacht haben... Überraschung, sehr viel Schlechtes. Und wer garantiert uns, dass es heute anders verlaufen wird? Auf diesen Aspekt werde ich aber nochmal gesondert in Kapitel 4 eingehen. Für mich bedeutet letztendlich, dass die meisten Professor*innen, die an Hochschulen mit *Diversity* arbeiten, in hohem Maße Heuchelei betreiben. Ich **sehe einfach nicht, dass sie ihre Privilegien ausreichend nutzen** und diese wirklich kritisch reflektieren. Im Gegenteil, ich habe eher das Gefühl, dass diese Selbstkritik meistens dort endet, wo man selbst aufhören möchte - und das ist dort, wo es um echte Ressourcenumverteilung geht. Und bis das nicht erfolgt, können wir auch hier nicht von einem gelungenen *Diversity*konzept sprechen.

Voraussetzung für Aktionen

Während meines Studiums habe ich mich in einer frustrierenden und verzweifelten Lage befunden, in der ich von nahezu allen Seiten Rassismus erfahren musste. Oft hatte ich den Wunsch, vor einem Professor*innenkollegium zu stehen und ihnen zu sagen, wie verdammt rassistisch es hier ist. Es ist jedoch erstaunlich, wie selten sich die Möglichkeit ergibt, die Verantwortlichen als Team mit dieser Problematik zu konfrontieren. Es sind immer nur Einzelne in den Veranstaltungen oder Sprechstunden anzutreffen. Selbst in Fakultätssitzungen, wo studierende Personen wenig Einfluss auf die Tiefe der Probleme haben, aufgrund der vielen Tagesordnungspunkte und der vergleichsweise geringen Anzahl an anwesenden Professor*innen. Ihre internen Sitzungen sind für uns nicht zugänglich, da wir ja "nur Studierende" sind. Transparenz gleich null. Der Elfenbeinturm, in dem sich viele Professor*innen eingebunkert haben, scheint so konstruiert zu sein, dass er jeglichen Angriff oder kritische Auseinandersetzung abprallen lässt – wie eine uneinnehmbare Festung.

Und im Studium der Sozialen Arbeit werden wir immer wieder darauf hingewiesen, wie wichtig es ist, "auf Augenhöhe" miteinander umzugehen und wie wichtig Austausch und Dialog sind.

Diese vereinzelten Gremien und Räte, in denen Studierende „partizipieren" können, sind nur eine Scheinpartizipation, die uns von einem System als „Leckerli" gegeben wird, damit man sagen kann: „Du kannst dich ja da oder da einbringen und dann treffen wir uns alle sechs Monate für zwei Stunden, aber das bringt dir wenig, weil Professor*innen haben eh den meisten Stimmenanteil. Danke für deine Anteilnahme, tschüssi!"

Und noch etwas: Aufgrund der Wissenschaftsfreiheit hatte ich oft den Eindruck, dass die Professor*innen gar nicht wissen, was ihre Kolleg*innen so forschen und lehren. Das finde ich schon sehr fragwürdig.

2.3 Elitäre Hochschulpolitik

Die „Sache mit den Professuren" aus dem letzten Kapitel ist schon anstrengend, aber Studierende of Color stoßen auch „in ihren eigenen Reihen", also unter Studierenden, an ihre Grenzen. Denn Rassismus findet nicht nur mit Lehrenden und der Verwaltung statt, sondern natürlich auch unter den Studierenden selbst, zwischenmenschlich und auch innerhalb studentischer, hochschulpolitischer Ebenen und Organisationen. Als Beispiel gehe ich neben Situationen in Seminaren und Vorlesungen kurz auf den Bereich Hochschulpolitik ein. Es gibt Menschen da draußen, die sagen: „Wenn dich die Hochschule so nervt, dann engagiere dich doch in der Hochschulpolitik." Ich denke: „Ist euch bewusst, was es für Menschen of Color bedeutet, in die Welt der Hochschulpolitik einzutauchen? Besonders wenn der Fokus auf Anti-Rassismus liegt?"

„Für Student_innen of Color, die sich in weißen studentischen Interessensvertretungen einbringen, um unter anderem antirassistische Arbeit auf dem Campus zu leisten, bedeutet dies vor allem auch innerhalb dieser Initiativen gegen weiße Ignoranz und rassistische Mikroagressionen ankämpfen zu müssen." (Aslan 2017, S. 759)

Als 2022 die heiße Phase des Konflikts mit meiner Hochschule war, ließ ich mich ins Studierendenparlament wählen und war im ersten Monat sogar stellvertretende Präsidentin. Dann bin ich zusammen mit meiner Kollegin zurückgetreten, weil wir schon nach einem Monat keine Lust mehr hatten und keinen Sinn darin sahen. Ich muss dazu sagen, dass wir nur im Präsidium waren, weil es niemand anderes machen wollte. Die „Alteingesessenen" (überwiegend *weiße* Bürgis) haben uns erklärt, dass es ein „unattraktiver" und „undankbarer Job" sei. Wir haben es dann gemacht, weil wir dachten: Vielleicht können wir so was reißen. Rückblickend kann ich sagen, dass diese Legislaturperiode wirklich eine der nervenaufreibendsten, zeitraubendsten und vor allem undankbarsten Aktivitäten war, die ich innerhalb der Institution unternommen habe. Die „offizielle" Hochschulpolitik hat mir noch einmal sehr deutlich gemacht, wie stark das Machtgefälle an deutschen Hochschulen ist und dass Menschen, die nicht den **„Habitus" elitärerer Hochschulpolitik** haben, schnell ausgegrenzt werden – auch von ihren Mitstudierenden (vgl. Aslan 2017, S. 759). Und zusätzlich: Wie „verwöhnt" ich hinsichtlich "Diskriminierungssensibilität" dann doch aus den Sozialwissenschaften bin...

Aber dazu, wie Hochschulpolitik abläuft:

Hochschulpolitik ist von einer unfassbaren und undurchdringlichen **Bürokratie durchzogen,** die es Neulingen sehr schwer macht, zurechtzukommen. Entscheidungen werden in endlosen Sitzungen getroffen, während Studierende mit den Auswirkungen konfrontiert werden, ohne den Entscheidungsprozess wirklich zu verstehen - so ging es mir zu

Beginn auch. Dazu sind die Posten rund um Allgemeinen Studierendenausschuss (AStA) und Studierendenparlament (StuPa) schlecht bezahlt für den Aufwand der Arbeit - und als "einfache" Parlamentarier*innen wird man ja nicht mal bezahlt. Creditpoints gibts dafür auch nicht.

Wer kann sich unter diesen Bedingungen überhaupt erlauben, sich an Hochschulpolitik zu beteiligen? Richtig, diejenigen mit den Ressourcen dafür.

Mich fuckt es auch richtig ab, dass in vielen Studierendenparlamenten **Altparteien vertreten** sind und in deren Namen Politik gemacht wird. Ich bin der Überzeugung, dass sie dort keinen Platz haben sollten. Und natürlich finde ich Partizipation und politische Einbindung von Studierenden super wichtig, aber: Die Wahlbeteiligung, zumindest in unserem Fall, lag unter 5%. Was ich krass finde. Ich frage mich, warum man sich da strukturell nicht die Frage stellt, ob was nicht stimmt? Oder vielleicht mal auf die Idee kommt, dass man etwas Grundlegendes ändern müsste? Dass man eventuell Hürden und Barrieren abbaut? Oder Partizipation und Teilhabe ermöglicht, vielleicht sogar attraktiver macht? Und ist es fair, bei so einer geringen Wahlbeteiligung trotzdem mit so vielen Geldern zu hantieren, die die ganze Studierendenschaft mitfinanziert?

Es geht hier nicht nur um meine Erfahrungen, sondern auch das sind keine Einzelfälle. **Hochschulpolitik ist unfassbar gewaltvoll,** weil auch hier eine „*white* supremacy culture" (vgl. Okun 2021) herrscht und die Strukturen durchzogen sind von patriarchalen, klassistischen und rassistischen Strukturen.

Ich gehe an dieser Stelle nicht näher darauf ein, was ich erlebt habe, aber ich kann sagen: Das war wirklich heftig. Ich merke jedes Mal, dass mir schlecht wird, wenn ich daran denke. In hochschulpolitischen Gremien werden so viele Machtstrukturen re_produziert, dass es mich sprachlos macht. Und am Ende wird klar, dass es hier auch um die reine Erhaltung der Reputation geht, aber vor allem auch um die **Macht bei der Verteilung von Ressourcen.** Finanzmittel und Ressourcen werden auch dort ungleich verteilt, wodurch marginalisierte Gruppen im Hochschulbetrieb benachteiligt werden. Und wer kann überhaupt mitreden? Die Sitzungen sind zwar öffentlich, aber zum Beispiel für viele internationale Studierende ist es vielleicht nicht so angenehm, alles auf Deutsch zu machen und ausschließlich auf Deutsch zu kommunizieren. Gleichzeitig werden auch keine Gebärdendolmetscher*innen oder ähnliche Unterstützung angeboten. Ich könnte so weiter machen…

In meinem Fall waren wir mehrere BIPoC im Studierendenparlament. Ich glaube zum ersten Mal so viele, die so laut waren. Deshalb wahrscheinlich die Eskalation. Dazu wurde noch ein AStA Vorstand of Color gewählt, das war denen zu viel. Das wir mehrere waren, die hauptsächlich an einem Strang gezogen haben, hat das Ganze zumindest ein bisschen besser gemacht - alleine hätte ich es sicher nicht gemacht. Dass wir eine Gruppe waren, hat meiner Einschätzung nach aber definitiv diese starke Gegenwehr, auf die wir gestoßen sind, hervorgerufen. Wir rüttelten am Status Quo, das hat einigen nicht gepasst.

An dieser Stelle gehe ich auf kurz auf das Rücktrittsstatement des BIPoC Referat Uni Bonn ein. In diesem Statement beschreiben die Beteiligten, warum sie geschlossen zurückgetreten sind. Sie haben dies unter anderem getan, weil auch sie ähnliche Erfahrungen mit der hochschulpolitischen, elitären und rassistischen Studierendenschaft bzw. -vertretung gemacht haben, auf die sie im Statement ebenfalls eingehen (vgl. BIPoC Referat Uni Bonn 2023).

Aber bei all dem Kritisieren ist es mir wichtig zu sagen, dass ich nicht grundsätzlich gegen die Idee bin, sich strategisch und in bestimmten Fällen in Hochschulgremien, Referaten oder anderen Gremien zu engagieren. Es kann durchaus sinnvoll sein, sich einzubringen und aktiv an der Hochschulpolitik teilzunehmen. Dennoch ist es wichtig, sich bewusst zu machen, dass nicht jede Hochschule die gleichen Chancen bietet. Wir sollten uns nur wirklich gut überlegen, wo wir unsere begrenzten Ressourcen investieren, denn Hochschulpolitik in *weißen* Gremien kann schon sehr ausbeutend sein.

2.4 Vermeintliche Wissenschaftsfreiheit

> „Die Freiheit der Forschung, der Lehre, der Kunstausübung und des Studiums entbindet nicht von der Treue zur Verfassung."
> (Hochschulgesetz NRW §4 Abs. 1)

Wenn ich bereits über mein Verständnis der Hochschule, Forschung und Wissenschaft schreibe, muss ich auch kurz meinen Senf zur unglaublich nervigen Debatte über Wissenschaftsfreiheit an Hochschulen abgeben. Es ist amüsant, wie diejenigen, die die rassistischsten Argumente in Diskursen haben, ständig den Begriff der Wissenschaftsfreiheit verwenden. **Sie nutzen den Begriff gerne als Schutzschild und Deckmantel für ihre widerlichen und absurden Theorien.** Es ist eine perfekte Umkehr von Täter*innen und Opfer, da Menschen, die sich gegen Diskriminierung aussprechen, als Bedrohung für die Freiheit dargestellt werden - obwohl das Gegenteil der Fall ist. Da braucht man gar nicht „nach rechts" schauen, sondern auch in vermeintlich „linken" und vor allem „liberalen" Kreisen wird dieses Argument benutzt.

Versteht mich nicht falsch: Die Wissenschaftsfreiheit ist natürlich super wichtig. Allerdings endet diese Freiheit spätestens dann, wenn Gewalt angewendet oder die Freiheit anderer Menschen eingeschränkt wird (wie es auch im Grundgesetz verankert ist). Dies scheint irgendwie nicht in den Köpfen dieser nervigen Menschen anzukommen, auch weil sie letztendlich den Status Quo und ihre Reputation in „der Wissenschaft" schützen wollen. Auch das ist nur Ablenkung und funktioniert vor allem deshalb, weil sie sich selbst als „neutral" und „objektiv" betrachten bzw. darstellen - was natürlich völliger Quatsch ist. Aber auch, weil eben diese „Wissenschaftler*innen" gerne definieren wollen, was jetzt genau Rassismus ist. Es geht ihnen um Macht. Und wie frei sind die Menschen, z.b. Schwarze Frauen, denen man vorwirft, die Wissenschaftsfreiheit zu zerstören?! Mh?!

2.5 Hochschuldissonanz - zwischen Theorie und Forderung

Wissenschaft hat eigentlich zum Zweck, unter anderem Erkenntnisse, neue Fakten, Zusammenhänge und Gesetzmäßigkeiten zu gewinnen. Sie soll helfen, Probleme zu erkennen und Lösungen zu entwickeln. Dabei ist sie auch ein wichtiger Faktor im Bildungssektor, da sie dabei hilft, dieses Wissen zu vermitteln. Wissenschaft soll quasi die Lebensqualitäten der Menschen verbessern und dem Gemeinwohl dienen.

Dabei sollen Universitäten eigentlich „der Gewinnung wissenschaftlicher Erkenntnisse sowie der Pflege und Entwicklung der Wissenschaften durch Forschung, Lehre, Studium, Förderung des wissenschaftlichen Nachwuchses und Wissenstransfer" (Hochschulgesetz NRW, §3, Abs. 1, S. 1) dienen und „eine gute wissenschaftliche Praxis" (S. 4) gewährleisten.

> „Die Fachhochschulen bereiten durch anwendungsbezogene Lehre und Studium auf berufliche Tätigkeiten im In- und Ausland vor, die die Anwendung wissenschaftlicher Erkenntnisse und Methoden oder die Fähigkeit zu künstlerischer Gestaltung erfordern. Sie nehmen Forschungs- und Entwicklungsaufgaben, künstlerisch-gestalterische Aufgaben sowie Aufgaben des Wissenstransfers (insbesondere wissenschaftliche Weiterbildung, Technologietransfer, Förderung von Ausgründungen) wahr" (ebd. Absatz 3).

Hört sich in der Theorie super an, aber in der Praxis ist dies vor allem unter Berücksichtigung von Rassismus und anderen Unterdrückungsformen nicht so umgesetzt.

In der Zeit von Kolonisierung, Nationalsozialismus, „Rassenlehre" und andauernden Kriegen wurde von vielen Völkern, die rassifiziert wurden und werden, sämtliches Wissen in Form von Kulturen, Traditionen, Geschichten und Sprachen bewusst durch ihre Unterdrücker*innen und Colonizer*innen zerstört und ausgelöscht. Auch Epistemizid genannt. Dieses Auslöschen der Wissenssysteme führt bis heute zu unausgeglichenen Machtverhältnissen, sozialen Hierarchien und globalen Ausbeutungsverhältnissen. Auch an deutschen Hochschulen werden diese Verhältnisse bis heute re_produziert, aber auch legitimiert. Dabei wird marginalisierten und rassifizierten Menschen der Zugang zur Wissensre_produktion verwehrt und gleichzeitig deren Wissen als nicht wissenschaftlich relevant degradiert (vgl. Kelly 2021, S. 50 ff.; Kilomba 2020, S. 13 ff.; Roig 2021, S.107 ff.).

> „Über diese Repräsentationspolitik werden die Wissenschaften und deren Produzent_innen als *weiße* erinnert, Schwarze Wissenschaftler_innen, Wissenschaftler_innen of Color und ihre wissenschaftlichen Beiträge abgewertet, und somit auch die privilegierten Positionen von *weißen* Menschen in der akademischen Welt gesichert" (Aslan 2017, S.754).

Für Studierende mit Rassismuserfahrungen bedeutet das im Hochschulkontext, dass wir mit einer besonderen Form von Gewalt konfrontiert sind - **epistemischer Gewalt**. Diese Gewalt schließt unsere Stimmen immer wieder aus und mindert ihren Wert, wodurch wir im Studium ständig darum kämpfen müssen, dass unser Wissen anerkannt wird. Wir stoßen auf Hindernisse in Seminaren, Vorträgen, bürokratischen Prozessen, Prüfungen usw., während *weiße* Wissenschaft und Forschung sich als „Aufklärende" und „Entdeckende" präsentieren (vgl. Aslan 2017, S.753). Denn wie bereits erwähnt sind Hochschulen nicht für alle zugänglich und tatsächlich wird von einer kleinen privilegierten Gruppe von Menschen, die Ressourcen und Kapital erhalten, behauptet, dass sie „die Wissenden" innerhalb dieses Systems sind. Das Problem dabei ist, dass Lehre an Hochschulen eine entscheidende Rolle spielt und wenn diese Lehre nicht anti-rassistisch ist, wird Rassismus auch außerhalb der Hochschule immer wieder in der (Berufs-)Praxis legitimiert, da der Wissenstransfer eklatante Unterdrückungsmuster quasi multipliziert.

„Es fehlt uns doch nicht an Wissen, es fehlt uns an Mut."
(Heinig; et.al 2022)

Ich finde es absurd, dass **trotz des vorhandenen Wissens über die Unterdrückung** von marginalisierten und speziell rassifizierten Perspektiven, Hochschulen immer noch dazu tendieren, diese Tatsachen zu ignorieren. Deutliche Forderungen von betroffenen Communities, die nicht nur theoretische Aspekte, sondern auch konkrete praktische Maßnahmen betreffen, werden oft von den Institutionen ausgeblendet und nicht ernst genommen. Hochschulen versäumen es, auf diese Bedürfnisse und Forderungen einzugehen, und halten fortlaufend privilegierte Positionen und Strukturen aufrecht.

Diese Problematik führe ich auf eine Art **Hochschuldissonanz** zurück.

Kognitive Dissonanz entsteht, wenn verschiedene Elemente nicht miteinander übereinstimmen oder sich widersprechen. Dieser Konflikt kann durch verschiedene Strategien reduziert oder beseitigt werden, darunter das Leugnen oder Ignorieren von Informationen, die Änderung von Verhalten oder Einstellung sowie das gezielte Beschaffen und Interpretieren von Informationen, um das unangenehme Gefühl oder Spannungsfeld zu verringern (vgl. Meier; Kirchgeorg 2018).

Im Kontext von Hochschule, Wissenschaft, Forschung und Lehre kann eine Dissonanz auftreten, wenn es einen Konflikt oder eine Diskrepanz zwischen Theorie und praktischen Forderungen oder Handlungen gibt. Diese Diskrepanz bezieht sich auf die **Kluft zwischen dem, was in der Theorie als Vorgehensweise angesehen wird, und dem, was tatsächlich in der Praxis umgesetzt wird.**

Wenn wir z.b. die Sozialwissenschaften im Hochschulsystem betrachten, wird offensichtlich, dass die wissenschaftlichen Erkenntnisse darauf hinweisen, dass innerhalb des kapitalistischen Systems keine Gerechtigkeit erreicht werden kann. Die Erkenntnisse zu Unterdrückung, Klimawandel usw. legen nahe, dass bereits ausreichend Wissen vorhanden ist, um einen Systemwechsel anzustreben. Es besteht die Erkenntnis, dass gehandelt werden muss.

Betrachten wir zudem unsere Bedürfnisse und die Erkenntnisse unserer Wissensarchive, wird schnell klar, dass es nicht mehr ausreicht, nur Wissen zu generieren. Vielmehr haben wir bereits genug Wissen generiert, um zu zeigen, dass praktisches Handeln notwendig ist. Es wurden **klare Forderungen** an die *weiße* Dominanzgesellschaft sowie an Institutionen, Bildung und Politik gestellt. Ohne die Erfüllung dieser Forderungen ist kein Fortschritt möglich.

Bspw. gibt es in NRW die Petition „Uni Rassismuskritisch", die von Studierenden of Color ins Leben gerufen wurde und präzise Forderungen enthält. An verschiedenen Hochschulen gibt es mittlerweile BIPoC-Referate, die ebenfalls klare Forderungen an die Hochschule stellen. Die Black Lives Matter Bewegung und der Afrozensus haben ebenfalls konkrete Forderungen und Handlungsleitfäden erarbeitet. Es gibt aus sämtlichen von Unterdrückung betroffenen Communities Forderungen.

Einige Forderungen aus Black Communities im Bereich Wissenschaft und Hochschule umfassen:

- Hochschule als sicherer Ort

- Institutionalisierung von Black Studies

- Finanzielle Förderung Schwarzer Wissenschaften und Bildungsarbeit

- Dekolonialisierung aller Studienfächer und Bildungsinstitutionen

- Dekonstruktion von *Weiß*sein

- Konsequenzen bei Rassismus

- Empowerment-Räume / safer spaces / psychosoziale Hilfe

- Koordinationsstellen für soziale Gerechtigkeit

- Antidiskriminierungsordnung

- Verpflichtende Grundmodule und Fortbildungen für Lehrpersonal

Deshalb wäre es angebracht, dass wir in wissenschaftlichen Forschungsarbeiten nicht nur einen „Forschungsstand" aus „Entdeckender"- oder „Aufklärender Sichtweise" aufzeigen, sondern auch den Blick an die betroffenen Communities richten, die genau wissen, was sie brauchen und wollen. Deshalb: Forderungsstand! Um diese Dissonanz zu reduzieren, sollten Hochschulen diese Informationen nicht ignorieren oder leugnen, sondern ihr Verhalten ändern - falls sie es ernst meinen mit ihrem *Diversity*managment. Aber dazu wäre es halt nötig von seinem hohen Ross zu steigen.

"If you stick a knife in my back 9 inches and pull it out 6 inches, that's not progress. If you pull it all the way out, that's not progress. Progress is healing the wound that the blow made. They haven't pulled the knife out; they won't even admit that it's there." Malcom X

3. Unsere Stärke als „outsider within"

„The traveling between multiple worlds and knowing that you're not ever going to fully belong to the world that you're in. You're gonna never be a full insider. But that ‚the outside position within' can be a source of strength, can be a source of insight, can be a source of inspiration." (Hill Collins 2020)

Angelehnt an die Theorie „the outsider within" von Prof. Dr. Patricia Hill Collins, Schwarzer Feministin und Wissenschaftlerin, gehe ich nun nochmal auf unsere Rolle als Menschen mit Rassismuserfahrungen an deutschen Hochschulen ein. Obwohl Patricia Hill Collins hauptsächlich zur Rolle afro-amerikanischer Frauen aus der Arbeiter*innenklasse forscht, übertrage ich dieses theoretische Gerüst gerne auf unseren Status in deutschen Hochschulen und „der Wissenschaft", weil ich glaube, dass wir aus dieser Position heraus auch **Stärke im Kampf gegen Institutionen** ziehen können (vgl. Hill Collins 1986; 2000; 2013; 2020).

Patricia Hill Collins hebt in ihren Arbeiten hervor, dass **Schwarze Frauen** einen **kollektiv entgegengesetzten Standpunkt zum rassistischen, kolonialen und patriarchalen System** und dessen Institutionen aufgrund der bestehenden Macht- und Herrschaftsverhältnisse haben.

> „It should come as no surprise that Black women's efforts in dealing with the effects of interlocking systems of oppression might produce a standpoint quite distinct from, and in many ways opposed to, that of white male insiders." (Hill Collins 1986, S. 26.

Dies führt Hill Collins auf zwei Anomalien zurück, die Schwarze Frauen in *white* academia machen: Zum einen ist das die Unsichtbarkeit. Diese Unsichtbarkeit führt dazu, dass Schwarze Frauen eben dieser entgegenwirken und andere Schwarze Frauen in ihrer Arbeit in den Fokus stellen und ihnen so Sichtbarkeit ermöglichen. Zum anderen sind es die Falschinformationen und Stereotypisierungen, die „die Wissenschaft" über sie verbreitet.

Deshalb ist es die Reaktion Schwarzer Frauen, diesen Unterdrückungsmechanismen entgegenzuwirken und Unwahrheiten aufzudecken bzw. zu demaskieren (ebd. S. 27 f.).

> „What many Black feminists appear to be doing is embracing the creative potential of their outsider within status and using it wisely. In doing so, they move themselves and their disciplines closer to the humanist vision implicit in their work-namely, the freedom both to be different and part of the solidarity of humanity." (Hill Collins 1986, S. 30)

Auch als Studierende mit Rassismuserfahrungen in Deutschland nehmen wir gleichzeitig eine Außenseiterrolle ein, bedingt durch die strukturelle, institutionelle und epistemische Gewalt sowie die (Mehrfach)Marginalisierung aufgrund unserer Identität. Zusätzlich natürlich eine Insider-Rolle, weil wir an Hochschulen studieren und evtl. auch arbeiten. Dies bedeutet auch, dass wir uns in einem „ideologischen Konflikt" mit der Hochschule befinden.

> „Heutzutage wird Schwarzen und Student_innen of Color diese Ideologie aufgezwungen, indem ihnen herausragende Noten verweht werden (...). Rassifizierte Körper werden immer von rassistischen Stereotypisierungen besetzt, u.a. durch die ‚weiße Imagination' der Professor_innen im Seminarraum, durch die Kursinhalte, durch die Abwesenheit von Machtposition innerhalb dieser Institution. Die Liste ist endlos. Diese Zuschreibungen schaffen Orte der Unterdrückung für Schwarze Student_innen of Color. (...). Wissensproduktion innerhalb dieser Bildungsstrukturen in Deutschland wird also exklusiv von weißen, rassistischen Werten vorangetrieben." (Ngubia Kuria 2015, S. 21)

Obwohl dieser Konflikt auch Nachteile mit sich bringt, bietet er uns auch Stärken im Kampf gegen Institutionen, da wir eine andere, **multidimensionalere Perspektive** einnehmen können. Daher gehe ich im Folgenden auf einige Stärken ein, die uns definitiv auch eine gewisse Macht verleihen, um konstruktiven Widerstand zu leisten. Unser Status erlaubt uns einen **kritischen Blick von außen auf die Wissenschafts- und Bildungsinstitutionen.**

„Members of oppressed groups have special need of critical consciousness, because social institutions have routinely worked against their developing it. Developing habits of questioning social injustices maladapts people on the bottom to stay there." (Hill Collins 2013, S.130)

Auch deshalb sind wir in der Lage, bestehende Praktiken, Normen, Strukturen, Einstellungen und Barrieren zu **hinterfragen** und die spezifischen Probleme rund um **rassistische Praxen klar zu benennen**. Unsere Perspektive ist also eigentlich von großer Bedeutung für Institutionen, die sich *Diversity* und *Vielfalt* fett auf die Fahne schreiben. Wir sind nämlich diejenigen, die strukturelle Probleme und Ungerechtigkeiten **präzise identifizieren und herausfordern** und zudem alternative **Lösungen aufzeigen** können. Zudem haben unsere kollektiven Erfahrungen als „outsider within" zu einer **Widerstandsfähigkeit** geführt, die sich seit Jahrhunderten durchzieht und uns befähigt, weiterhin Widerstand gegen *white* supremacy zu leisten. Das haben wir auch dem Wissenstransfer innerhalb unserer Communities zu verdanken und nicht der staatlich organisierten Bildung.

Was ich auch sehr wichtig finde, ist **unsere Sensibilität** (mehr oder weniger vorhanden) **gegenüber sozioökonomischen Unterschieden und Klassismus**. Diese Sensibilität ermöglicht es uns, die Verbindung zwischen Klassenzugehörigkeit und Bildungschancen kritisch zu hinterfragen und auf Ungerechtigkeiten aufmerksam zu machen. Natürlich haben nicht alle von „uns" dieses Klassenbewusstsein oder diese Sensibilität. Dennoch ist Klasse untrennbar mit Rassismus verbunden, und es ist nun mal so, dass viele von uns aufgrund der historischen und bestehenden Ausbeutungsverhältnisse aus der Arbeiter*innenklasse kommen und wir in vielen Fällen die erste Generation sind, die studiert.

Insgesamt verleiht uns der „outsider within"-Status eine einzigartige Stellung, die es uns erlaubt, konstruktiven

Widerstand zu leisten. Zu guter Letzt kann der Status als „outsider within", wie ich bereits im Eingang erwähnt habe, verbindend zwischen uns wirken und uns zu einer starken Front verhelfen!

May Ayim, 1990: grenzenlos und unverschämt
- ein gedicht gegen die deutsche sch-einheit

ich werde trotzdem
afrikanisch
sein
auch wenn ihr
mich gerne
deutsch
haben wollt
und werde trotzdem
deutsch sein
auch wenn euch
meine schwärze
nicht paßt
ich werde
noch einen schritt weitergehen
bis an den äußersten rand
wo meine schwestern sind
wo meine brüder stehen
wo
unsere
FREIHEIT
beginnt
ich werde
noch einen schritt weitergehen und
noch einen schritt
weiter
und wiederkehren
wann
ich will
wenn
ich will
grenzenlos und unverschämt bleiben

4. Das radikale Mindset als Strategie der Selbstbehauptung

„Intellectual freedom is a wonderful thing, but you have to fight for it."

Hill Collins 2013, S.122

In diesem Kapitel werde ich euch ein Verständnis von Gewalt, Selbstverteidigung, Radikalität im Kontext der Hochschule und unserem „outsider within"-Status erläutern, u.a. mit dem Ziel der Selbstermächtigung.

Ich mache immer wieder die Erfahrung, dass die Begrifflichkeiten unfassbar inflationär, einseitig und Täter*innen-Opfer umkehrend verwendet werden, um den Status Quo zu schützen. Als Schwarze Feministin, der immer wieder vorgeworfen wird, "zu radikal" zu sein, betrachte ich allerdings Gewalt nicht nur als physische Auseinandersetzungen, sondern auch als strukturelle, institutionelle und epistemische Formen der Unterdrückung, die gerne mal, von *white* academia ausgeblendet werden. Der Gegenstand der Radikalität wird und kann dabei nicht isoliert betrachtet werden, sondern eher als notwendige Reaktion und Antwort auf strukturelle Ungerechtigkeiten, die gegenüber uns als (Mehrfach)Marginalisierte an Hochschulen bestehen. Denn das Problem ist definitiv nicht die Radikalisierung, sondern die Normalisierung des absolut unmenschlichen Status Quo.

Ich denke, wenn wir diese Punkte für uns klar haben und immer wieder vor Augen führen, können wir durch radikales Denken zu einer Selbstbehauptung kommen, die uns ermöglicht, den Status Quo herauszufordern und ihn zu brechen, anstatt uns immer wieder von Institutionen einlullen zu lassen, die uns am Schluss sowieso keine für alle angenehme Lösung präsentieren werden.

4.1 Legitimität von Gegengewalt / Selbstverteidigung

Nobody in the world, nobody in history, has ever gotten their
freedom by appealing to the moral sense of the people who
opressing them."

Assata Shakur

Es ist eine wiederkehrende (falsche) Erzählung, dass Menschen,
die sich gegen (ihre) Unterdrückung wehren, als gewalttätig
bezeichnet oder geframed werden, obwohl ihre angebliche
„Gewalt" nur eine Gegengewalt bzw. Selbstverteidigung
darstellt. So auch im System Hochschule. Während meines
Studiums habe ich oft gesagt bekommen, dass ich Gewalt
verherrlichen oder gutheißen würde, und dass meine Sprache
oder Ansichten so „gewaltvoll" sind. Dieser Behauptung liegt zu
Grunde, dass die Seite, die permanent z.b. rassistische und auch
epistemische Gewalt ausübt, sich als „neutral" begreift.
Besonders krank empfinde ich diese **Täter*innen-Opfer-
Umkehr,** wenn diese von deutschen, *weißen* Akademiker*innen
aus Akademiker*innenhaushalten ausgeübt wird. Es ist eine
Arroganz, aber auch Ignoranz gegenüber systemischer Gewalt,
die Menschen dazu verleitet, oder verleiten **muss,** sich zu
wehren, denn sie würden sonst nicht überleben.

„Gewalt, grade im Kontext struktureller Gewalt wie Rassismus und
Sexismus, wird im gesellschaftlichen Diskurs oft auf körperliche
Gewalt beschränkt. Die langfristigen, zerstörenden und
traumatischen Auswirkungen institutioneller Gewalt, verbaler
Gewalt, Gewalt durch Mikroaggressionen sowie der Gewalt, die
allein durch den Einsatz struktureller Machtwerkzeuge ausgeübt
wird, finden noch viel zu wenig Beachtung im öffentlichen Diskurs.

Gewalt bedeutet aber all das:

Menschen in ihrem Wachstum einzuschränken, Menschen
einzusperren, in zu enge Konstrukte zu zwängen, sie als Bedrohung
zu konstruieren, Menschen zu ignorieren und ihnen den Raum des
Menschseins zu verwehren.

All das ist Gewalt.

Menschen abzusprechen, richtig im eigenen Körper zu sein und qua körperlicher Markierungen gesellschaftliche Teilhabe unmöglich zu machen oder auch nur diesem Umstand stillschweigend zuzustimmen - ist Gewalt." (AlSabah 2023, S. 75)

Der Ausdruck „**Selbstverteidigung outside within acadamia**" bezieht sich in diesem Fall darauf, dass wir als Studierende of Color sowohl innerhalb als auch außerhalb der akademischen Welt mit Gewalt konfrontiert werden. Unsere Perspektiven und Erfahrungen ermöglichen es uns, die Produktion von Gewalt der Institution Hochschule in unseren Lebensrealitäten außerhalb der akademischen Welt zu erkennen. Unsere Erfahrungen liegen am Rand oder außerhalb der vorherrschenden akademischen Paradigmen, wodurch wir alternative Lösungen entwickeln können. Wir können bspw. als Selbstverteidigung alternative Formen des Wissens und der Erkenntnis einführen, um epistemische Gewalt und deren Auswirkungen zu bekämpfen. Dies beinhaltet auch die Anerkennung und Wertschätzung verschiedener Wissenssysteme und Erfahrungen, aber auch Vorstellungen vom Leben, die in der etablierten akademischen Hierarchie nicht ausreichend berücksichtigt und anerkannt werden.

„Black people need some peace. White people need some peace. And we are going to have to fight. We're going to have to struggle. We're going to have to struggle relentlessly to bring about some peace, because the people that we're asking for peace, they are a bunch of megalomaniac warmongers, and they don't even understand what peace means." Fred Hampton

In „Diskussionen" und „Debatten" im Hochschulraum bin ich dann diejenige, die die Stimmung trübt bzw. Happyland (vgl. Ogette 2020) zerstören möchte und darauf hinweist, dass das System, in dem wir uns befinden, für sehr, sehr viele Menschen sehr gewalttätig ist und dass wir alle an dieser Gewalt beteiligt sind. Dabei sind die Themen dieser „Debatten" oder

„Diskussionen" selbst oft gefüllt mit der Frage, ob bestimmte Menschen existieren dürfen oder nicht, ob sie es verdient haben „hier" zu sein oder wo ihr Platz in der Gesellschaft ist.

Wenn ich meine Stimme dann zusätzlich minimal erhebe, weil ich wütend bin über die Gewalt, die in solchen Räumen produziert wird - auch mir gegenüber - werde ich als diejenige angesehen, die Gewalt ausübt. Aber auch ohne meine Stimme zu erheben werde ich als Bedrohung markiert / konstruiert, weil meine Argumente so „gewaltvoll" wären. Weil ich den Menschen Angst machen würde. In diesem Moment habe ich jedoch Angst vor den *weißen* Menschen und ich merke, dass ihnen die Gewalt, die sie ausüben, egal ist. Ich habe oft den Eindruck, dass die Akteur*innen in *weißen*, akademischen Hochschulräumen entweder nicht verstehen oder nicht verstehen wollen, wie viel Gewalt sie selbst tolerieren oder sogar aktiv ausüben. Ob bewusst oder unbewusst ist mir in diesem Fall einfach egal. Und vor allem ist ihnen aufgrund ihres nicht Kritischseins dem System gegenüber nicht bewusst, welch gewaltigen Auswirkungen ihr Verhalten auf Lebensrealitäten außerhalb der Hochschule hat - z.B. bei der Ausführung ihrer Berufe.

Ich führe hier ein Beispiel aus dem Bereich der Sozialen Arbeit/ Sozialwissenschaften an:

In meinem Studium der Sozialen Arbeit war ich hauptsächlich mit Menschen, die nicht von Rassismus betroffen sind, in einem Raum. Auch unsere Lehrenden stammten überwiegend aus einem Kontext, der mit vielen Privilegien und Kapital verbunden ist. Dies sind z.B. die „Lisas und Lauras", wie ich sie gerne nenne, die in einem behüteten Einfamilienhaus am Stadtrand aufgewachsen sind und nach dem Abitur ein Jahr lang die Welt bereist haben. Oder die „Wolfgangs", die seit 30 Jahren in der Hochschule sitzen und die krassesten Privilegen aufgrund ihrer Professur genießen. Die „Lisas und Lauras" studieren Soziale Arbeit vor allem, weil sie etwas Gutes tun möchten, für die armen Menschen - im *white*-savior-Stil oder „Karriere" machen wollen. Die „Wolfgänge" philosophieren in ihren Seminaren abstrakt über diese Gesellschaft ohne sämtliche -ismen in ihre Analysen mit einzubeziehen. Ihr Verhalten zeigt, dass sie in den seltensten Fällen strukturelle Gewalt erlebt haben oder existenzielle Lebenskrisen durchgemacht haben - oder dies vielleicht nicht zugeben oder wissen. Gegenüber Menschen of Color zeigen sie sich meistens „sehr weltoffen" und sehen keine Hautfarben.

> „Das Kolonialrecht gibt ausschließlich den Kolonialherren das Recht, „sich zu verteidigen". Das heißt, der Kolonialherr, später der weiße Bürger, darf nicht nur sich selbst verteidigen, sondern verkörpert sowohl legislative als auch exekutive Macht. Folgerichtig ist er auch der Einzige, der Waffen tragen darf." (Dorlin 2021, S. 58 f.).

Dabei, und das muss man ganz klar so benennen können, üben die „Lisas, Lauras und Wolfgangs" auch außerhalb von academia Gewalt aus, indem sie unter anderem den Diskurs für die Praxis mitbestimmen, dominieren und legitimieren.

Die Wirkung ihres Handelns und ihrer Einstellung in academia zieht also flächendeckend Kreise außerhalb academia. Dies geschieht zum Beispiel auch mit ihrem fehlgeleiteten Pazifismus. In der Praxis bedeutet das beispielsweise für Schwarze Menschen, dass sie permanent rassistische Gewalt von der Sozialen Arbeit erfahren, beispielsweise in Schulen, Jugendämtern und anderen Einrichtungen. Der wichtige Punkt dabei ist jedoch nicht nur, dass sie diese Gewalt erleben, sondern auch, dass ihnen die Selbstverteidigung nicht zugestanden wird - von ihnen wird erwartet dies anstandslos hinzunehmen und zu ertragen.

Folglich stellen dabei die **Hochschulen als Institution**, so stellt Dr. Natasha Kelly fest, in dieser Wissensre_produktion von Unterdrückung und somit Gewalt, die „**Keimzelle allen Übels**" dar, „weil sie grundlegend für die Konstruktion und

Konstitution von Rassismus sind" (Kelly 2021., S. 51), aber vor allem im deutschen Diskurs die fehlende Selbstwahrnehmung („Wir sind ja gar nicht...", „Wir können ja gar nicht...", „Wir haben ja schon...') dazu führt, dass diese Re_produktionen immer weiter stattfinden.

Dabei ist die Hochschule, abgesehen von *race*, ein Ort, der allein aufgrund seiner Hierarchiengewalt zwischen Studierenden, Dozierenden, Verwaltungspersonal und Entscheidungstragenden re_produziert, was regelmäßig zu Machtmissbrauch führt (siehe z.B. #metooscience). Wenn man dann noch die epistemische Gewalt gegenüber Menschen of Color aufgrund von *white* Supremacy betrachtet, sollte klar sein, dass die Gewaltauswirkungen für uns, Studierende of Color „outside within" academia, massiv ist.

Ich sehe es als **unser legitimes Recht auf Selbstverteidigung inmitten der Gewalt, die wir in *weißen*, patriarchalen, akademischen Räumen erleben.** Ein weiteres Beispiel dafür ist eine Situation aus einem Seminar, in dem das Konzept der Selbstverteidigung in Bezug auf staatliche Gewalt ansprach und daraufhin als gewalttätig bezeichnet wurde. Mir wurde vorgeworfen, zu Waffengewalt aufzurufen – eine Behauptung, die im Nachhinein angesichts der politischen Lage, knapp zwei Jahre später im November 2023, noch absurder erscheint und deutlich macht, wie sehr Menschen mit Rassismuserfahrungen aktuell Gewalt ausgesetzt sind und wie sehr *white* academia seine Machtspielchen betreibt.

„Mehr noch, der Staat arbeitet mit allen Mitteln daran, Marginalisierte zu entwaffnen. Mit entwaffnen meine ich nicht nur, keine Waffen tragen zu dürfen, sondern sich auch unbewaffnet nicht verteidigen zu dürfen sowie keinen Zugang zu vitalen Ressourcen wie Ernährung, Wasser, Wohnraum und Arbeit zu haben. (...) Die Geschichte der Marginalisierten ist daher eine Geschichte der Selbstverteidigung." (Dorlin 2021, S. 58 f.)

Wenn ich dazu ermutige, dass wir uns organisieren und radikal auftreten sollen, beziehe ich mich nicht primär auf die Ausübung physischer oder Waffengewalt. Vielmehr geht es doch um das grundlegende Recht zur Selbstverteidigung. In einem System, das uns ablehnt, uns Ressourcen vorenthält, uns permanent angreift und entmenschlicht, haben wir das Recht und die Notwendigkeit, uns zu wehren - auch gegen academia und auch gegen die Institution Hochschule! Dabei verstehe ich **Selbstverteidigung**, ähnlich wie die Professorin Elsa Dorlin, als **eine Sammlung von Praktiken, Strategien und Taktiken, bei denen (Gegen-)Gewalt als entscheidende Ressource für die Bewahrung des Lebens eingesetzt wird** (vgl. Dorlin 2020; 2021).

Es stört mich immer wieder, wie wenig wir auch selbst über dieses Thema sprechen und in den Aushandlungsprozess gehen. Dieser Prozess funktioniert aber nicht, wenn man das Thema mit dem Argument „Gewalt ist nie eine Lösung" abschließt, da die Geschichte etwas komplett anderes zeigt. „Gewalt ist nie eine Lösung" ist Geschichtsrevisionismus und trägt nicht dazu bei, Machtverhältnisse zu bekämpfen, sondern hält sie eher aufrecht.

> „In a context of normalized war, where violence is a pervasive feature of society, a simple "just say no to violence" approach won't work. What exactly would we be saying "no" to? Superficial interpretations of nonviolence as a social justice strategy seem based on formal definitions of violence. If [Deutschland] is characterized by an ethos of violence, there is no way to just say no to it, other than leaving. Instead, the beginnings of a comprehensive anti-violence project must go hand in hand with a commitment to social justice, broadly defined. Violence will continue, changing shape and tactics, as long as the power relations it relies on remain unchallenged." (Hill Collins 2013, S. 197).

4.2 Marginalisierte Wut

„Wenn ich Gewalt ausgesetzt werde, ruft dies auch Gewalt in mir hervor. Diese hervorgerufene Gewalt ist weder gerecht noch ungerecht. Es ist Wut und diese Wut ermöglicht wiederum, Widerstand zu leisten - gegen die Leugnung meiner Existenz, gegen Aggressionen, gegen Diskriminierungen. Im Grunde genommen ermöglicht diese Wut, sich selbst am Leben zu erhalten, verhilft zu Selbstachtung und einem positiven Selbstbild und dazu, für eine gerechtes Leben zu kämpfen." (Dorlin 2021, S.59)

„Die Wissenschaft" und Hochschulen lieben es, so zu tun, als ob Emotionen und Gefühle nicht „hierher" gehören würden - vor allem dann, wenn rassifizierte Menschen sie zeigen. Forschung zum Beispiel wäre dann „zu subjektiv".

Unzählige Male musste ich mir bisher diese Argumentation anhören. Und wie man es dreht und wendet, ergibt es einfach absolut keinen Sinn - insbesondere in Bereichen wie den Sozialwissenschaften. Aber auch in einer Institution wie der Hochschule, einer Bildungseinrichtung, in der Menschen mit unterschiedlichen Hintergründen zusammenkommen, in der es ein Machtgefälle gibt, einem Ort, der nicht neutral ist, sondern sehr politisch, und aufgrund unterschiedlicher Standpunkte Reibungen aufweist und aufweisen muss. Und dort sollen Gefühle und Emotionen – so ziemlich die natürlichsten Reaktionen des Menschen – keine Rolle spielen? Es sprengt mein Gehirn, dass Menschen so etwas ernsthaft denken, glauben und das Selbstbewusstsein besitzen, das immer und immer wieder als Argument zu nutzen. Natürlich sollten in bestimmten Disziplinen Emotionen nicht leiten, aber zu behaupten, dass diese überhaupt nicht an diese Orte / Institutionen oder in „die Wissenschaft" gehören, ist halt Quatsch.

„Within such masterful comments, the discourses and perspectives of Black scholars remain always at the margins – as deviating – while white discourses occupy the centre and remain the norm.

When they speak is scientific, when we speak is unscientific.

Universal / specific;
objective / subjective;
neutral / personal;
rational / emotional;
impartial / partial;
they have facts, we have opinions; they have knowledge, we have experiences." (Kilomba 2020, S. 26).

In meinem Verständnis von Hochschule und Bildung wäre es wichtig, die Bedeutung von **Emotionen als zentralen Prozess für das Lernen und Denken zu berücksichtigen.** Emotionen sollten als transformative und widerständige Kraft genutzt werden, um rassifizierte Körper zu stärken und die Geschichte der kolonialen Unterdrückung sowie die eigene gesellschaftliche Verortung zu verstehen. Emotionen sind ein essentieller Bestandteil eines sozialen Zusammenlebens und sollten deshalb auch so berücksichtigt werden (vgl. Tran 2021, S. 62).

Wenn ich an die Hochschule denke, speziell aber an die *weißen* Räume innerhalb der Hochschule, kommen mir ganz schön viele Emotionen in den Sinn, die ich habe oder hatte. Und nicht alle teile ich mit meinen *weißen* Kommiliton*innen. Das liegt unter anderem daran, dass wir als Menschen, die Rassismus erfahren und als „outsider within" in der Hochschule agieren, andere Emotionen und Gefühle bezüglich Institutionen, Curricula *weißer* Wissenschaft usw. haben, als Menschen, die nicht diese Erfahrungen machen. „Teile der Mehrheitsgesellschaft, die nicht marginalisiert wird, kennen nämlich aus persönlicher Erfahrung kaum einen oder keinen Grund, (politisch) wütend zu sein, und können in den meisten Fällen nicht nachvollziehen, wo die Wut herkommt und wozu sie gut oder nützlich sein kann" (Schick 2021, S. 293). Dabei sind „unsere Emotionen legitim. Jedoch werden bestimmte Emotionen wie Wut und Ärger von Körpern, die nicht als *weiß* und cismännlich gelesen werden, in einer rassistisch-patriarchal geprägten Gesellschaft sanktioniert" (Tran 2021, S. 62).

Besonders Schwarzen Frauen, den „angry black women" und anderen Frauen of Color, ist es nicht erlaubt, wütend zu sein; sie werden dafür bestraft. „Wer wütend sein darf und wer nicht, ist ein Spiegel unserer Gesellschaft und eine Antwort, wie es um unsere Gleichberechtigung steht" (Hoeder 2021b, S. 16). **Die Sanktionierung von (mehrfach)marginalisierter Wut lenkt die Aufmerksamkeit weit weg vom Inhalt,** und hin zur angeblichen „Emotionalisierung", die nicht gut wäre - nicht in der Hochschule, nicht im Seminarraum. Diese Kontrolle von Wut in Form von Sanktionierung und den damit verbundenen Auswirkungen für (mehrfach) marginalisierte Menschen ist ein Aspekt der Unterdrückung und ist ein bedeutender Pfeiler von *white* supremacy und dem Patriarchat. Die Annahme, dass Rationalität und Emotionalität nicht nebeneinander existieren können, disqualifiziert die politische Arbeit (mehrfach)marginalisierter wütender Menschen (vgl. Hoeder 2021b, S. 16; Schick 2021, S. 295 ff.).

Im politischen Kampf hingegen kann Wut die „Entwaffnung einer dominanten Gruppe und die Möglichkeit, die eigenen und fremden Ansichten über sich selbst zu kontrollieren", sein (Carla Groom zit. n. Hoeder 2021a, S.186). Deshalb scheint sie so gefährlich für den bestehenden Status Quo. **Wut ist eine transformative und widerständige Kraft** und besonders wichtig für uns, um uns gegen diskriminierende Strukturen zu wehren. Wut ist die Kraft, die uns hilft oder helfen kann, uns gegen rassistische Strukturen zu widersetzen und uns selbst zu verteidigen. Wir sollten aufhören, Wut, aber auch andere Emotionen, als Schwäche oder fehl am Platz zu sehen, sondern sie als Waffe gegen die Verhältnisse, die uns schaden, verstehen (vgl. Schick 2021, S. 293; Tran 2021, S. 63).

Wir sollten darauf achten, als Kollektive Kraft unsere Wut anzuerkennen und mit ihr zu arbeiten, um politische Kämpfe miteinander zu verbinden. Wut kann uns dabei helfen, das Ziel zu identifizieren und sie in die richtige Richtung zu lenken. Denn letztendlich sollten wir die Ursache der Probleme bekämpfen - und die liegt auch an deutschen Hochschulen.

Ich persönlich war noch nie so wütend wie in den letzten zwei Jahren meines Studiums. Aber ich muss sagen, dass ich mich zum ersten Mal so richtig gut dabei gefühlt habe, als ich andere Menschen getroffen und mich mit ihnen über Emotionen an der Hochschule ausgetauscht habe. Diese Menschen waren genauso wütend, frustriert und traurig wie ich. Erst dann habe ich meine eigene Stärke entdeckt und auch die **Kraft der kollektiven Wut**. Ab diesem Zeitpunkt war ich auch an dem Punkt angelangt, an dem ich meine Wut nicht mehr unterdrückte, sondern sie frei ließ. Mir kann seitdem auch niemand mehr einreden, dass meine Wut unberechtigt ist oder ich „übertreibe", „zu wütend", „zu emotional" bin.

Ich glaube, dass meine Wut mich dorthin gebracht hat, wo ich heute stehe. Die ständige Ignoranz gegenüber Rassismus, die *weißen* Räume, die ständige Degradierung als „nicht wissenschaftlich" und die ganze Zeit, die ich investiert habe - all das hat mich unglaublich wütend gemacht und war quasi mein Treibstoff.

Wenn ich wütend war, habe ich zum Beispiel die besten E-Mails und Hausarbeiten geschrieben und die besten Aktionen geplant…

Schämt euch nicht! Seid wütend und lasst es euch von niemandem nehmen!

> „Es gibt nichts Schlimmeres für die Seele
> als unverarbeitete Wut."
>
> (Emilia Roig 2021, S. 25)

4.3 „Radikal? Wir waren nie radikal genug"

„Radical simply means grasping things at the root."

Angela Davis

Der Vorwurf der Radikalität ist ebenso ein Vorwurf, der von Kreisen der Hochschule und einer privilegierten akademischen Klasse gerne benutzt wird, um Menschen, die von Rassismus oder anderer Unterdrückung betroffen sind, aus dem Diskurs zu drängen oder mundtot zu machen.

Dabei ist „Radikalität" definitiv nichts Schlimmes, und ich finde, wir sollten uns als (mehrfach)marginalisierte Menschen nichts anderes einreden lassen. Im Folgenden gehe ich darauf ein, wie ich zur Radikalität stehe. Dabei orientiere ich mich an den Ausführungen des Instituts für Radikalisierungsforschung beim Bildungskollektiv Biko.

Radikalität bedeutet, die Wurzeln von Problemen zu erforschen und diese zerstören zu wollen. Im Gegensatz zu oberflächlichen Analysen und reformistischen Ansätzen zielt die Radikalität darauf ab, die ursächlichen Zusammenhänge zu verstehen und die Grundursachen von Missständen zu beseitigen! Radikalität ist unversöhnlich und betont die Wichtigkeit der Abschaffung (Abolitionismus) von Ursachen für Diskriminierung, Ungleichheit und Gewalt. Dies erfordert eine Anerkennung der Gesellschaft als Ganzes, nicht nur als eine Ansammlung von individuellen Teilen, Interaktionen oder Institutionen (vgl. Institut für Radikalisierungsforschung beim Bildungskollektiv Biko 2023, S. 21 ff.).

Im Rahmen rechter Politiken wird der Ausdruck „Radikalisierung" oft im Sinne von Übersteigerung verwendet. Innerhalb rechtsextremer Gruppen stellen Ideologien der Ungleichheit jedoch lediglich eine übertriebene Ausprägung der in der kapitalistischen Gesellschaft als normal betrachteten Konkurrenz, Ausbeutung und Enteignung dar. Rassismus und

Sexismus gelten in diesem Kontext nicht als radikal, da sie bestehende Normen und Hierarchien lediglich verstärken, anstatt die zugrunde liegenden Ursachen sozialer Probleme zu beseitigen (vgl. ebd.).

Radikalität, und das ist besonders wichtig im Zusammenhang mit Hochschulen, hat nicht nur mit Theorien zu tun, sondern auch mit **Handeln und menschlichem Tun** (ebd.). **Radikalität verbindet quasi Theorie und Praxis** (siehe Kapitel 2.5) und deshalb wehren sich Hochschulen gegen eben diese Radikalität, vor allem wenn sie neoliberalen und kapitalistischen Logiken folgen. Radikalität fordert nämlich in der Praxis Ausbeutungsverhältnisse heraus, hat den Wunsch nach positiven Veränderungen und sagt dem Status Quo, auch im Sinne der Selbstverteidigung, den Kampf an.

Und Radikalität passt natürlich auch dem Staat nicht, denn Radikalität beinhaltet auch eine grundlegende Kritik am Gewaltmonopol (ebd.).

Julika Bürgin (2023) schreibt in ihrem Essay „Bildungsarbeit gegen Radikale" wie fatal der Radikalitätsbegriff verwendet wird und dafür sorgt, dass „ein mit wissenschaftlicher Autorität versehenes Sprechen über Radikalität, in dem Ziel seiner Bekämpfung normativ vorausgesetzt wird" (Bürgin 2023, S. 97). Was dabei passiert, ist dass Bildungsinstitutionen Menschen fördern, sich gegen Radikalisierung stark zu machen, obwohl politische Bildungsarbeit vor allem sich und ihre Autonomie verteidigen sollte (ebd.) - gerade in einem **immer faschistischer werdenden Staat ist es äußerst gefährlich**, wenn machtkritische und auch radikale Bildungsarbeit sich nicht verteidigt.

„Radikal sein heißt, eine gewisse Haltung einzunehmen. Radikalität ist mit Bewegung verbunden: Wer radikal ist, zielt auf Veränderung, will über das Bestehende hinaus, stellt Tradiertes infrage und sucht nach Neuem. Wer von sich behauptet, radikal zu sein, nimmt aber auch eine gewisse Haltung ein. Radikale Subjektivität enthält also zwei Momente, die sich scheinbar widersprechen: Sie will etwas überwinden und ist doch dazu gezwungen, etwas festzuhalten. In dieser Hinsicht arbeitet sich radikale Subjektivität an Widersprüchen ab. Wer an die Wurzel geht, tut dies nicht bloß kurzfristig, momentan und immer wieder neu, er versucht, diese Haltung durchzuhalten, den Modus der Widerständigkeit auf Dauer zu stellen: Es gilt immer und überall dort Einspruch zu erheben, wo der Mensch »ein erniedrigtes, ein geknechtetes, ein verlassenes, ein verächtliches Wesen ist« (Marx) - und diese Position macht sich nicht von Konjunkturen oder Mehrheiten abhängig. Um das tun zu können, sind wir auf längerfristige Erfahrungen, auf ein Wissen um Gesellschaft und Geschichte angewiesen. Radikale Subjektivität ist sowohl auf der theoretischen, als auch auf der praktischen Ebene konsequent: Auf der inhaltlichen Ebene wird eine bestimmte Position vertreten und gegen Beliebigkeiten wie Ungenauigkeiten opponiert, auf der praktischen Ebene eine gewisse Unbedingtheit und Militanz verfolgt." (Institut für Radikalisierungsforschung beim Bildungskollektiv Biko 2023, S. 26)

Deshalb halte ich nichts davon, wenn wir als Menschen mit Rassismuserfahrungen jedes Mal einknicken, wenn uns jemand negativ mit dem Begriff „zu radikal" degradieren will. Wir sollten dazu stehen, radikal zu sein, **weil letztendlich nur Radikalität und das Anpacken der Probleme an der Wurzel uns befreien werden.**

Ich bin lieber radikal gegen dieses System, anstatt einfach nur Teil dieses Systems zu sein, bzw. mich anzupassen. Dies dient auch meinem Selbstschutz und meiner Selbstverteidigung als Schwarze Frau und Schwarze Studentin in *white* academia. Aber auch für Menschen outiside academia, deren Leid ich sehe. Ich glaube, dass ein radikales Mindset eine der Grundlagen im wissenschaftlichen Bereich ist, um für soziale und Klimagerechtigkeit zu kämpfen und einen fruchtbaren Widerstand gegen Faschismus, Imperialismus, Kolonialismus, Kapitalismus, Patriarchat und *weiße* Vorherrschaft zu leisten.

Wenn wir nicht an die Wurzeln der Probleme gehen, werden wir niemals aus dem toxischen Kreislauf ausbrechen können.

Was bleibt uns anderes übrig?

Ich bin dafür, dass wir radikaler werden sollten, auch in uns selbst - für eine radikale Abschaffung der globalen (Über)Ausbeutungsverhältnisse. Anstatt zu einer liberalen, herrschenden, akademischen „Anti-Rassismus Bewegung" zu verkommen, die nichts anderes tut als selbst Gewalt zu re_produzieren (vgl. z.b. Berhe 2023). Ich schließe mich auch Celina Parbey (2023) an und sage: **„Radikal? Wir waren nie radikal genug".**

4.4 Wege innerhalb des anti-rassistischen Radikalisierungsprozesses

> „You have to act as if it were possible to radically transform the world. And you have to do it all the time."
>
> Angela Davis

Heute betrachte ich Radikalisierung als einen fortlaufenden Prozess, der sicherlich nicht abgeschlossen ist und eng zusammen mit meinem politischen Bewusstseinsprozess als Schwarze Frau zusammenhängt. In einem von *„weißer* Vorherrschaft geprägten, kapitalistischen Patriarchat" (vgl. z.b. hooks 2022), in dem wir sozialisiert wurden - mit all unseren Traumata - ist das ein lebenslanger Weg. Es ist ein Prozess, der darauf abzielt, die tief verwurzelten Probleme anzugehen und zu überwinden. Der **Radikalisierungsprozess erfordert von uns lebenslange Selbstreflexion hinsichtlich der eigenen Unterdrückungsmechanismen und der damit verbundenen Heilungsprozesse.** Wir sollten uns bemühen und uns dazu verpflichten, diese in uns zu erkennen, zu verstehen und abzubauen – nicht nur für uns selbst, sondern auch für kommende Generationen, ähnlich wie es ältere Generationen in Menschenrechtsbewegungen für uns getan haben. Radikale Selbstliebe, Körperakzeptanz und Respekt vor uns selbst sind dabei von super wichtiger Bedeutung (vgl. z.b. „Decolonizing the self" in: Kilomba 2020, S.139 ff.).

Dieser Prozess ist nicht nur auf individueller Ebene wichtig, sondern er erfordert auch die **kollektive Arbeit** von Menschen, die ebenfalls an die Wurzel der Probleme gehen wollen. Dabei finde ich mich zwischen ständigen Aushandlungsprozessen, Unsicherheiten, Verletzungen und kontinuierlichem Lernen und Verlernen wieder – es ist fucking anstrengend, aber zugleich stärkend. Meine eigenen Erfahrungen sowie die Geschichten anderer Menschen haben mich dazu gebracht, mich zu radikalisieren. Ich habe viel machtkritische, herrschaftskritische, revolutionäre, feministische und Schwarze **Literatur** gelesen und andere Medien konsumiert, vor allem auch internationale.

In den Gruppenkontexten, in denen ich in letzter Zeit war, wurde nicht nur Wissen geteilt, sondern es entstand auch Raum für kollektive Heilungsprozesse. Die Teilnahme an Workshops, Safer Spaces und Seminaren zu Anti-Rassismus und Dekolonisierung war für mich von großer Bedeutung. Kunst und Kultur, insbesondere Musik, die sich mit diesen Themen befasst, begleitet mich ebenfalls seit einigen Jahren.

Die Wege im Prozess der Radikalisierung können **von Person zu Person unterschiedlich sein** und das ist völlig in Ordnung. Jeder Mensch hat seine eigene Geschichte und Erfahrungen, die ihn möglicherweise auf diesen Weg geführt haben. Dabei ist es wichtig anzuerkennen, dass es keine einheitliche Route gibt, der jeder Mensch folgt - dafür haben wir alle viel zu unterschiedliche Lebensrealitäten und Hintergründe. Manche Menschen können durch persönliche Erfahrungen, soziale Umstände oder Überzeugungen beeinflusst werden. Andere wiederum könnten von bestimmten Ereignissen oder Begegnungen beeinflusst sein. Es ist entscheidend, dass wir diese Komplexität des Radikalisierungsprozesses anerkennen und verstehen.

Ich bin aber davon überzeugt, dass uns eine **gewisse Radikalität** bzw. der Prozess helfen kann, um in ein starkes Stadium der **kollektiven Selbstbehauptung** zu gelangen.

Praktiken, um von hier aus weiterzugehen, werden im nächsten Kapitel eröffnet.

5. Aktivismus als Weg des Widerstandes gegen deutsche Hochschulen?

5.1 Aktivismus „outside within"

In Kapitel 3 habe ich bereits darauf hingewiesen, dass wir als „outsider within" eine besondere Stärke besitzen, die sich strategisch zu unserem Vorteil auswirken kann. Nun gehe ich genauer auf den Aktivismus aus Schwarzer, feministischer Perspektive ein, um zu verdeutlichen, warum Aktivismus oft als „nicht wissenschaftlich" betrachtet wird, wir aber definitiv aktivistisch sein bzw. uns so begreifen sollten.

Während die Wissenschaft und die Forschung (vor allem von sich selbst:)) als „neutral", „rational" und „objektiv" betrachtet wird, wird Aktivismus als „zu subjektiv" und „zu emotional" degradiert. Diese Trennung zwischen wissenschaftlichem Diskurs und aktivistischer Praxis beruht vor allem auf der Unterdrückung der Einen und der Überheblichkeit der Anderen.

Im Masterstudium habe ich mich intensiv mit diesem Thema auseinandergesetzt und dabei absurde Debatten und Situationen erlebt, in denen entweder ich oder andere (mehrfach)marginalisierte Positionen sowie soziale Kämpfe, wie die Arbeiter*innenbewegung, degradiert wurden.

Aktivismus ist Widerstand und wird innerhalb der Institution Hochschule durch Akteur*innen im konservativen bis liberalen Spektrum bekämpft, weil er natürlich Macht- und Herrschaftsverhältnisse herausfordert. Die Diskussionen und Abwehrmaßnahmen gegen „anti-rassistische Aktivist*innen, die mit aggressiven Interventionen, einer spezifischen Weltsicht und einer bestimmten politischen Agenda Hochschulgänge kapern" oder mit „aktivistischen Tendenzen, die Wissenschaft ausbremsen" würden, sind dabei durchzogen von tief verwurzelten, unterdrückenden, rassistischen und kolonialen Vorstellungen darüber, was Aktivismus angeblich sein soll.

Im Jahr 2021 habe ich mich intensiver und konfrontativer gegen institutionellen Rassismus an meiner Fakultät gewehrt. Das führte dazu, dass ich mich genötigt sah, konkrete Aktionen durchzuführen, die den Hochschulalltag herausforderten (siehe Kapitel 6). Einige feierten diese Aktionen, während andere sie verdammten. Einige Menschen in Machtpositionen scheinen bis heute nicht sonderlich gut zu ertragen, dass jemand es gewagt hat, ihnen Rassismus vorzuwerfen, und etwas tat, was ihre wissenschaftliche Sphäre mit konkreten Widerstandsakten angriff – vor allem als Akt der Selbstverteidigung. Der Elfenbeinturm, zumindest ein lauter, fragiler Teil davon, scheint mit Veränderung nicht ganz klarzukommen und hasst es, die Kontrolle zu verlieren. Ich finde es völlig absurd, welche Einwände von erwachsenen Menschen mit Professuren, quasi den „Wissenden" und „Intellektuellen", eingebracht werden, um gegen Aktivismus anzukämpfen. Ehrlich gesagt neige ich oft dazu, Mitleid mit diesem ideologisch völlig verblendeten Schlag von Menschen, Wissenschaftler*innen und Akteur*innen in der Hochschule zu empfinden. Aber halte ich es angesichts der aktuellen politischen Lage für äußerst gefährlich, sie einfach machen zu lassen, da ihre Ideologie verheerende Auswirkungen unter anderem auf Menschenrechts- und Klimagerechtigkeitsbewegungen – auch an Hochschulen – haben kann. Wie wir bereits in sehr vielen Fällen gesehen haben. Außerdem haben sie immer noch durch ihre Lehre eine krasse Multiplikator*innenfunktion.

Dabei ist es gefährlich, dass wir bei diesem Thema nicht nur die Konservativen im Nacken haben, sondern auch die Liberalen, die uns immer wieder Messer in den Rücken stechen werden, wenn etwas passiert, was wirklich mal das System und auch sie selbst herausfordert– dann ist es oft doch „zu radikal". Ich sage, Malcom X hatte Recht mit seiner Haltung zu *white* liberals...

5.2 Schwarzer, feministischer Aktivismus gegen Herrschaft und Institutionen

Ich sehe die Ablehnung von Aktivismus von vielen *weißen* Menschen besonders in ihrem rassistischen und kolonialen Gedankengut. Auch weil man oft merkt, dass dahinter eine sehr kranke Doppelmoral steckt: „Die einen dürfen Widerstand, die anderen nicht. Und wir entscheiden, wann Rassifizierte zu weit gehen".

Ich werde darauf eingehen aus meiner Perspektive:

Schwarzen Frauen wird oft vorgeworfen, in „der Wissenschaft" zu aktivistisch zu sein. Dieser Vorwurf basiert auf Stereotypen und Vorurteilen, die Schwarze Frauen als emotional, voreingenommen oder nicht objektiv darstellen. Zudem fehlt es meiner Einschätzung nach oft an Wissen über Schwarze Frauen und Widerstand (z.B. in Form von Black History). Wenn man sich nämlich mal ein bisschen mit den Perspektiven und Geschichten auseinandersetzen würde, würde man verstehen, dass „Aktivismus" überlebensnotwendig ist und sich gegen Macht- und Herrschaftsverhältnisse gegen das von „*weißer* Vorherrschaft geprägten, kapitalistischen Patriarchat" (vgl. hooks 2022) auflehnt.

Und was ist überhaupt aktivistisch, wenn schon deine bloße Existenz Menschen provoziert?

Die Wurzeln des Schwarzen Feminismus reichen zurück zu Jahrhunderten von Überlebens- und Befreiungskämpfen. Von Anfang an waren Schwarze und andere Frauen of Color aus der Arbeiter*innenklasse aktiv an feministischen Bewegungen beteiligt, haben diese mit aufgebaut, angestoßen und mitgeprägt. Der Schwarze Feminismus entwickelte sich als anti-rassistische und anti-sexistische Politik, die sich bewusst von den Bewegungen *weißer* Frauen sowie Schwarzer und *weißer* Männer abgrenzt. Diese Abgrenzung resultiert aus der Mehrfachdiskriminierung (Intersektion) aufgrund von race und gender, die vor allem Schwarze Frauen aus den Diskursen ausschloss.

Ein entscheidendes Ereignis in der Geschichte des Schwarzen Feminismus war die Gründung des „Combahee River Collective" im Jahr 1974. Dieses Kollektiv Schwarzer Feminist*innen kämpfte gegen Unterdrückung und Repression und veröffentlichte 1977 das wegweisende „A Black Feminist Statement". Daraus entnehme ich drei zentrale Zitate, die die Verflechtung von Schwarzen Feminismus, Identitätspolitik, Intersektionalität und Aktivismus als gemeinsamen Kampf gegen Unterdrückung verdeutlichen. Dabei habe ich die für mich wichtigsten Punkte fett markiert:

> „The most general statement of our politics at the present time would be that we are **actively committed to struggling against racial, sexual, heterosexual, and class oppression** and see as our particular task the development of integrated **analysis** and **practice based** upon the fact that the major systems of oppression are **interlocking**. The synthesis of these oppressions creates the conditions of our lives. As Black women we see **Black feminism as the logical political movement** to combat the manifold and simultaneous oppressions that all women of color." (The Combahee River Collective 1977, S. 234)

> „We realize that the **only people who care enough about us to work consistently for our liberation is us.** Our politics evolve from a healthy love for ourselves, our sisters and our community which allows us to continue our struggle and work. This focusing upon our own oppression is embodied in the concept of identity politics. We believe that the most profound and potentially the most **radical politics come directly out of our own identity**, as opposed to working to end somebody else's oppression. In the case of Black women this is a particularly repugnant, dangerous, threatening, and therefore revolutionary concept because it is obvious from looking at all the political movements that have preceded us that anyone is more worthy of liberation than ourselves. We reject pedestals, queenhood, and walking ten paces behind. To be recognized as human, levelly human, is enough." (ebd., S. 237)

> „We realize that the liberation of all oppressed peoples necessitates the destruction of the political-economic systems of capitalism and imperialism as well as patriarchy. **We are socialists** because we believe the work must be organized for the collective benefit of those

who do the work and create the products, and not for the profit of the bosses. Material resources must be equally distributed among those who create these resources. We are not convinced, however, **that a socialist revolution that is not also a feminist and antiracist revolution will guarantee our liberation.** [...] Although we are in essential agreement with **Marx's theory** as it applied to the very specific economic relationships he analyzed, we know that his analysis must be extended further in order for us to understand our specific economic situation as Black women." (ebd., S. 237. f.)

Patricia Hill Collins hebt die zwei Dimensionen des Aktivismus Schwarzer Frauen hervor: den **Kampf um das Gruppenüberleben** (struggles for group survival) und den **Kampf um die Transformation von Institutionen** (struggles for institutional transformation) **(!)**. Aktivismus bedeutet nicht nur direkte Aktionen, sondern auch den Aufbau von Koalitionen und Allianzen, um institutionelle Veränderungen herbeizuführen (Hill Collins 2000, S. 204).

Dabei ist der 'intellectual activism' ein essentieller Teil dieses Aktivismus von Schwarzem Feminismus. Wissen und Forschung sind sehr wichtige und politische Werkzeuge, die zur Transformation beitragen. Dieser Aktivismus sieht unseren Kampf als Kampf gegen das Monopol der *weißen* Wissensproduktion. Es ist wichtig, dass dieses Wissen nicht nur in einem Elfenbeinturm von academia verbleibt. Daher die zwei essentiellen Strategien des intellectual activism („Challenging the power from the inside") (vgl. Hill Collins 2013, S. xi ff.):

Speak the truth to power:

Hochschulen verlangen Dienste, die im Sinne von konservativen Agenden agieren. Alle anderen Stellungen werden zum Schweigen gebracht. Die Aufgabe besteht darin, alternative Analysen über soziale Ungerechtigkeiten zu entwickeln, die von wissenschaftlichen Zielgruppen als glaubwürdig betrachtet werden. Laut Patricia Hill Collins bietet dieser Weg, Veränderungen von innen heraus anzustoßen und Einfluss auf Machtgefüge zu nehmen.

Speak the truth directly to the people:

Hier geht es darum, die Wahrheit direkt an die Menschen zu bringen. Im Schwarzen Feminismus wird intellektueller Aktivismus als direkte Ansprache an die Massen betrachtet. Für diese Strategie zahlen viele Menschen oft einen hohen Preis und werden von der akademischen Welt und den Medien ausgeschlossen. In einigen Teilen der Welt kann das Aussprechen der Wahrheit zu Repression und sogar zum Tod führen. Daher ist es von großer Bedeutung, dass man seine privilegierte Position in academia erkennt und die Macht nutzt.

5.3 Verwendung des Begriffs „Aktivismus"

Patricia Hill Collins' Essay „Rethinking Black Women's Activism" wirft einen kritischen Blick auf die Verwendung des Begriffs „Aktivismus" und hebt die **Vielschichtigkeit von Aktivismus im Kontext verschiedener Machtstrukturen und Lebensrealitäten** hervor. Statt den Aktivismus Schwarzer Frauen nur anhand individueller ideologischer Überzeugungen zu bewerten – sei es konservativ, reformistisch, progressiv oder radikal – betont Collins die Bedeutung kollektiver Handlungen im täglichen Leben. Diese Handlungen stellen Herausforderungen für das dominierende System dar. Ein tieferes Verständnis für den Aktivismus Schwarzer Frauen lässt sich durch die Analyse kollektiver Aktionen im Alltag gewinnen. Dieser Ansatz eröffnet eine umfassendere Perspektive auf die Herausforderungen, denen Schwarze Frauen gegenüberstehen. Es unterstreicht die Notwendigkeit, über festgefahrene ideologische Kategorien hinauszublicken und den Aktivismus im Kontext realer Handlungen zu betrachten (vgl. Hill Collins 2000, S. 203).

Ruth Aim spricht in einem Interview für das Magazine of Color (2021, S.8 f.) und hebt die praktischen Beiträge von Schwarzen Menschen hervor, die oft nicht als Aktivismus anerkannt werden, bzw. dass sich Akteur*innen selbst nicht als aktivistisch bezeichnen. Ruth teilt die Geschichte ihrer Familie, die aus Eritrea kommt und sich selbst nicht als Aktivist*innen bezeichnen würden. Dennoch haben sie durch alltägliche Handlungen den Weg für heutige Generationen geebnet, indem sie Kontakte knüpften, Tipps austauschten, sich durch das deutsche Bürokratiechaos kämpften und z.b. einen Kreditkreis schufen und mitaufbauten, indem Menschen aus den Communities finanzielle Hilfe bekommen konnten. Diese Formen des Aktivismus sind essentiell für das Überleben in einer *weißen* Dominanzgesellschaft. „Die wahren Systemwandler leben schon seit Jahrzehnten unter uns, doch rechnen sie sich diese großartige Leistung nicht einmal an. Sie erkennen nicht, wie alle BIPoC in diesem Land dazu beigetragen haben, Deutschland allein mit ihrer Präsenz und ihrem Willen zu einem besseren Leben komplett zu verändern." (ebd., S.9)

> „Also meine geliebten Brüder und Schwestern, wie ihr seht, ist unser alleiniges freies Dasein in einer weißen Mehrheitsgesellschaft ein Politikum, der größte Mittelfinger gegen das System.
>
> Somit ist jede unserer Handlungen ein politischer Akt. Warum also sollten wir uns auf den Stress konzentrieren, der damit einhergeht, wenn wir uns mit unseren Sonnen befassen können. Sei es also, bei einer Demonstration auf der Straße die Faust zu heben oder sich die Haare zu machen - ihr seid aktiv, müsst nichts und könnt alles! Und auch wenn ihr euch mal wieder so fühlt, als würdet ihr zwischen riesigen Bergen stehen, dann denkt daran, dass man auch im Tal die Aussicht genießen, sich ausruhen oder Steine ins Rollen bringen kann." (Aim 2021, S. 9)

Damit möchte ich euch verdeutlichen, dass **allein eure Anwesenheit an *weißen* Hochschulen eine Form von Aktivismus** darstellt. Schon unsere bloße Existenz stellt eine enorme Herausforderung für den vorherrschenden Status Quo dar. Indem wir als People of Color an diesen Institutionen existieren, brechen wir etablierte Erzählungen und setzen uns aktiv mit Machtstrukturen auseinander. Unser Alltag an diesen Hochschulen ist geprägt von Widerstand.

Durch den täglichen Umgang mit rassistischen und unterdrückenden Strukturen und unsere Überwindung derselben tragen wir zur Veränderung bei und geben unser Wissen an andere weiter, die sich ebenfalls gegen rassistische Strukturen erheben.

„Zuallererst musst du wissen, dass du zu den wenigen Schwarzen und PoC gehörst, die es an die Universitäten in Deutschland geschafft haben. Also vergiss das nicht: Viele Menschen wollen auch an dieser Stelle sein. Aber denke nicht, dass du DIE Vertretung ALLER Schwarzen und PoC eines Landes, eines Kontinents, dieser Welt bist. Du bist nur hier, um dich selbst zu repräsentieren; auch wenn andere Menschen alle unsere Verwandten in dir sehen werden - und zwar die ganze Zeit. Dein Erfolg wird dir womöglich von anderen, die durch Rassismus privilegiert sind, geneidet. Sie werden deswegen überrascht sein und dich infrage stellen.

Vergiss nie: Wir sollten gar nicht erst hier sein." (Kuria 2015, S. 48)

5.4 „Kritik" von *white* supremacy

Die auf anti-rassistischen Aktivismus und Widerstand reagierenden Ablehnungen und machterhaltenden Maßnahmen seitens *weißer*, liberaler und konservativer Studierender, Lehrenden, Mitarbeiter*innen und Professor*innen haben einen ganz klar ideologischen Grund. Der Widerstand Studierender of Color gegen Rassismus wird nämlich als Bedrohung für das etablierte System empfunden. Der Aktivismus, den wir als Menschen mit Rassismuserfahrungen betreiben, zielt ja darauf ab, Institutionen selbst zu transformieren und Macht- und Herrschaftsverhältnisse abzubauen, was einige natürlich nicht so toll finden. Was sie vor allem nicht wollen, ist neben dem Verlust von Macht, zuerst die Kontrolle zu verlieren. Das ist das, was bei Aktivismus passieren kann. Aktivismus irritiert und die Herrschenden haben keine Kontrolle mehr. **Die Verweigerung, Aktivismus aus Schwarzer, feministischer Perspektive als legitimes Mittel der Veränderung zu** akzeptieren, spiegelt wider, wie tief verwurzelt und widerstandsfähig bestehende hegemoniale Strukturen sind. Die Unfähigkeit, sich auf Aktivismus einzulassen, offenbart nicht nur eine fehlende Empathie für die Widerstandsbewegungen (mehrfach)marginalisierter Gruppen, sondern auch eine Verteidigung des eigenen Privilegs innerhalb des bestehenden Systems (siehe Kapitel 2).

Ich möchte hier darauf aufmerksam machen, dass ich nicht aussagen will, dass wir keine Kritik annehmen sollten. Ganz im Gegenteil: sollten wir. Wir sollten uns nur die Frage stellen, von wem wir uns kritisieren lassen! Und ob die „Kritik" wirklich eine konstruktive Kritik für uns darstellt oder halt einfach Unterdrückungsmechanismen re_produziert.

5.5 Aktivismus als Weg des Widerstandes gegen deutsche Hochschulen!

Insgesamt erweist sich Aktivismus als äußerst wichtige und unverzichtbare (!) Strategie im Widerstand gegen deutsche Hochschulen und deren Rassismus. Diese Strategie ist nicht nur für Schwarze Frauen, sondern auch für alle Menschen von großer Bedeutung, die Rassismuserfahrungen und/oder andere Ausgrenzungs- oder Diskriminierungserfahrungen machen.

Aktivismus ermöglicht es Menschen wie uns, gegen Ungerechtigkeiten anzugehen und zu überleben! Durch den Aktivismus werden wichtige Themen aufgegriffen und in den Fokus gerückt. Somit trägt der Aktivismus maßgeblich zur Transformation bei. Dabei geht es nicht nur darum, Missstände aufzuzeigen, sondern aktiv für Veränderungen zu kämpfen. Es gibt viele verschiedene Möglichkeiten, Aktivismus zu leben. Neben dem bloßen Dasein gibt es viele verschiedene Ideen, wie man Aktivismus leben kann (vgl. Kapitel 6 und z.B. Boyd; Mitchell 2014). Außerdem stellt Schwarzer, feministischer Aktivismus so eine Art „Heilungsmöglichkeit" für die

„Hochschuldissonanz" dar, die ich in Kapitel 2.5 beschrieben habe. „Hochschuldissonanz" entsteht, wie beschrieben, wenn die theoretischen Ansprüche von Wissenschaft und Forschung nicht mit den realen Praktiken an Hochschulen übereinstimmen. Trotz des vorhandenen Wissens über Unterdrückung werden klare Forderungen von betroffenen Communities oft ignoriert. Diese Hochschuldissonanz führt dazu, dass strukturelle Probleme nicht angegangen werden. Aktivismus kann dem entgegenwirken. Es ist wichtig zu betonen, dass wir das Rad nicht komplett neu erfinden müssen. Es gibt bereits zahlreiche Beispiele dafür, wie Individuen, Organisationen und Widerstandsbewegungen an Hochschulen kämpf(t)en, von denen wir lernen können und auch müssen (!). Auf diese werde ich im weiteren Verlauf eingehen.

Im nächsten Kapitel fokussieren wir uns auf aktivistische Ziele, Taktiken und Aktionen, die als Werkzeuge dienen, um unsere Ziele zu erreichen. Durch eine Analyse der Ziele und die Auswahl passender Taktiken und Aktionen können wir die Struktur unseres Widerstandes präzise gestalten. Dabei richten sich unsere Blicke auf deutsche Hochschulen, ihre Strukturen und academia als eine Klasse in der Gesellschaft, die unser Zielobjekt ist. Es ist wichtig zu betonen, dass verschiedene Taktiken und Aktionen gleichzeitig zum Einsatz kommen können. Die vorgestellten Listen sind nicht starr, sondern können erweitert werden und/oder sich überschneiden.

„BLACK FEMINISM IS THE key to Black liberation. I believe this without quiver or qualm, as I have yet to encounter any other theoretical template that offers a better pathway to the promise of Black people's liberation from centuries of systemic race-based oppression. Everything represented within and by the Black feminist movement affirms the entirety and complexity of life at the intersections of not only race and gender but also sexual identity, ethnicity, class, religion, size, (dis)ability, access, immigration status, and nationality. It maintains that sexism, racism, and classism function together and are not individual oppressions to be fought separately. It understands that all Black people must be accepted and affirmed as human beings worthy of freedom, liberty, dignity, and civil rights if any of us are to be. In this way, Black Feminism inherently advocates for Black men, disabled Black folks, queer Black folks, poor Black folks, illiterate Black folks, undocumented Black immigrants, fat Black folks, Black folks who pray, and Black folks who have found another way. I repeat, Black Feminism is the key to Black liberation." (Jones 2019, S. 8)

6. Impulse für Transformation

„For the master's tools will never dismantle the master's house."

(Audre Lorde, 1979)

In meiner Vorstellung gleicht der Kampf gegen Rassismus an deutschen Hochschulen einem **Strategiespiel oder einem Schlachtfeld**. Diese Perspektive erlaubt es mir, mit einem gewissen Abstand vorzugehen und dabei taktisch mehr oder weniger bedacht zu handeln. Unsere Strategien sind dabei als Selbstverteidigung, Widerstand oder Gegengewalt zu sehen und beinhalten eine Sammlung von Taktiken und Aktionen. Hierbei fungiert die übergeordnete Strategie eher als Plan, während Taktiken und Aktionen als Maßnahmen dienen, um diesen Plan umzusetzen (vgl. Fine 2014, S. 140; Dorlin 2020; 2021).

Es geht nicht darum, einen starren Plan zu haben, sondern vielmehr darum, flexibel einen **Werkzeugkoffer mit verschiedenen Werkzeugen bereitzuhalten und diese anzupassen** - an uns selbst, aber auch an die Strategien und Taktiken des Gegenübers. Demonstrationen oder Petitionen sind beispielsweise keine Strategien, sondern Taktiken und Aktionen aus dem Koffer.

Im weiteren Verlauf dieses Kapitels werde ich einen Teil dieser Werkzeuge vorstellen. Um die besten Taktiken und Aktionen zu finden, ist es entscheidend, klare Ziele vor Augen zu haben. Die vorgestellten Konzepte sind nicht in Stein gemeißelt, sondern können erweitert und angepasst werden. Außerdem können Ziele, Taktiken und Aktionen ineinander übergehen (vgl. Fine 2014, S. 140 ff.). Ich habe hierfür versucht, die Ziele zu kategorisieren und ihnen Aktionen zugeordnet. Es handelt sich hier um Beispiele!

Ich sehe die Ziele als Zwischenziele oder Etappenziele. Ich werde gegen Ende nochmal auf „das große Ziel" zurückkommen.

> „Es geht nicht um eine einzige, kanalisierte, begrenzte und analytisch zu beschreibende Bewegung, es geht um die vielen Ansätze, die vielen Initiativen, die vielen Aktionen, die vielen Verweigerungen, die vielen innovativen Visionen, die zusammentreffen und manchmal zu gleicher Zeit, manchmal am selben Ort zusammenfinden und etwas Entscheidendes bewegen. Widerstand muss nicht spektakulär sein, Aufstand hat im Moment des Geschehens nicht unbedingt und nicht immer etwas Heroisches an sich." (Wiedenroth-Coulibaly 2021, S.403)

Informiert euch aber auf jeden Fall bei der ein oder anderen Sache rechtlich!

6.1 Zwischenziele

6.1.1 Aufdeckung & Sichtbarmachung

Dieses Zwischenziel besteht darin, Rassismus an Hochschulen aufzudecken und sichtbar zu machen, um transformative Prozesse anzustoßen. Es soll Machtstrukturen entlarven. Mir geht es dabei vor allem um das **Demaskieren.** Was in meinem Verständnis in zwei Richtungen gehen kann. Zum einen beschreibt z.b. Grada Kilomba in ihrem Buch Plantation Memories (must read!) „the brutal mask of speechlessness", welche versklavte Menschen damals von *weißen* Colonizern verpasst bekamen:

> „This mask was a very concrete piece, a real instrument, which became a part of the European colonial project for more than three hundred years. It was composed of a bit placed inside the mouth of the Black subject, clamped between the tongue and the jaw, and fixed behind the head with two strings, one surrounding the chin and the other surrounding the nose and forehead. Formally, the mask was used by white masters to prevent enslaved Africans from eating sugar cane or cocoa beans while working on the plantations, but its primary function was to implement a sense of speechlessness and fear, inasmuch as the mouth was a place of both muteness and torture. In this sense, the mask represents colonialism as a whole. It symbolizes the sadistic politics of conquest and its cruel regimes of silencing the so-called 'Others:' Who can speak? What happens when we speak? And what can we speak about?" (Kilomba 2020, S. 13 ff.)

Man kann diese Situation natürlich nicht 1:1 auf heute übertragen, aber man kann „die Maske" sinnbildlich dafür nehmen, wie heute noch Silencing unserer Stimmen in kolonialen Institutionen und in der kolonialen Wissenschaft betrieben wird. Ich bin der Auffassung, wir müssen uns von diesen Masken befreien, die unsere Münder geschlossen halten und uns Ressourcen verwehren. Denn wenn wir sprechen können, können wir Dinge sichtbar machen, die *weiße* Menschen zur Verantwortung ziehen - und davor haben sie Angst (vgl. ebd. S. 19 ff.).

Gleichzeitig muss man die Institution und ihre Akteur*innen dazu bringen, „die Masken fallen zu lassen" oder ihnen die Masken abnehmen, die sie aufgesetzt haben. Dabei geht es natürlich auch um offensichtlichen Rassismus, aber besonders auch um subtile Mechanismen und Muster, die zur Marginalisierung bestimmter Gruppen beitragen. Es ist wichtig, diese aufzudecken und sichtbar zu machen. Dazu gehört für mich auch das Demaskieren von *Weiß*sein und anderen Privilegien, die oft für Menschen, die sich nicht damit auskennen (wollen), unsichtbar sind.

Außerdem ist es wichtig, verschiedene **unterrepräsentierte Perspektiven und Geschichten sichtbar zu machen und hervorzuheben.** Es geht darum, alternative Sichtweisen zu etablieren und den Fokus auf diejenigen zu richten, die bisher im Schatten standen, aber auch die fehlenden Perspektiven in z.B. dem Curriculum oder in Gremien sichtbar zu machen.

Insbesondere spielt die Sichtbarmachung der Illusion und die **Aufdeckung der Lüge von „Gleichheit"** eine bedeutende Rolle. Es ist wichtig, die Wahrheit aufzudecken, die aus einem unausgewogenen Machtverhältnis und Gewalt resultiert, um dem gängigen Narrativ von „Neutralität" und „Objektivität" entgegenzutreten. Es geht darum, zu zeigen, dass vermeintlich neutrale Strukturen oft alles andere als neutral sind. Gemäß Patricia Hill Collins' „intellectual activism" (Kapitel 4.3) müssen wir die Wahrheit über „Macht" sowohl den Machtinnehabenden (**Speak the truth to power**) als auch der breiten Öffentlichkeit (**Speak the truth directly to the people**) mitteilen. Dabei wird das Sprechen oder Vermitteln der Wahrheit zu einer Waffe. Unserer Waffe.

Auch ist die **Sichtbarmachung von Forderungen** aus betroffenen Communities sehr wichtig, wie ich bereits in Kapitel 2.5 erwähnt habe. Diese gibt es bereits zu genüge!

Außerdem ist **Transparenz** hier ein wichtiges Ziel, aber auch eine Taktik, da Hochschulen und bspw. Professuren hinter verschlossenen Türen stattfinden und Informationen nicht für die breite Öffentlichkeit zugänglich sind. Es ist wichtig, Transparenz innerhalb der Hochschule und nach außen herzustellen. Studierende haben oft keine Einblicke in Abläufe, da es häufig keine ehrliche Offenlegung von Informationen und Prozessen gibt. Studierende, die Rassismus ansprechen, erhalten ebenso in Prozessen nicht genug Informationen über die Abläufe. Zudem erhält die „Außenwelt" keinen Einblick in die rassistischen Strukturen in Wissenschaft und Hochschule. Dadurch ist es nicht möglich, eine transparentere und demokratischere Hochschulstruktur zu schaffen.

Insgesamt sind die Sichtbarmachung und Aufdeckung von Rassismus an Hochschulen ein radikaler Schritt. Durch das Demaskieren, das Aussprechen der Wahrheit und die Schaffung von Transparenz wird nicht nur die Realität sichtbar, sondern es kann auch eine **Sensibilisierung für Rassismus und Unterdrückung** erreicht werden.

Besonders spannend finde ich hier, wie man durch die Sichtbarmachung und Aufdeckung die **Institution ins Wanken bringen** kann und wie überfordert sie damit sind, wenn jemand dadurch an ihrer **Reputation kratzt.**

6.1.2 Konfrontation & Druckausübung

Es bereitet mir persönlich große Freude, mich mit Konfrontation und Druckausübung auseinanderzusetzen. Dieser Schritt ist entscheidend, da er Einfluss ermöglicht, indem er **die andere Seite zum Handeln zwingt**. Ich bin überzeugt, dass dies notwendig ist, denn als Studierende müssen wir Druck aufbauen, um unsere Ziele zu erreichen. Ein höfliches Nachfragen allein wird nicht ausreichen.

Dieses Ziel besteht darin, die Institution und ihre Verantwortlichen in eine Situation zu bringen, in der sie reagieren müssen, ohne eine Möglichkeit zu haben, den Konsequenzen zu entkommen. Es geht darum, sie in ein Entscheidungsdilemma zu manövrieren, vergleichbar mit einer Blockade vor der Tür eines Gebäudes. Entweder müssen sie mit uns verhandeln und auf unsere Forderungen eingehen oder aggressiv reagieren, etwa durch den Einsatz von Polizei, Gewalt oder Verhaftung (vgl. Boyd und Russell Kahn, S. 152 ff.).

> „Lass deine Gegner nicht durch die Hintertür entkommen, und verhindere auch, dass sie das Problem ungestraft aussitzen können. Wenn es dir nicht gelingt, dein Gegenüber in eine solche Zwickmühle zu manövrieren, lässt du dir das Heft aus der Hand nehmen." (ebd., S. 152)

Ich habe die Erfahrung gemacht, dass eine Eskalation sehr nützlich sein kann. **Oft ist es notwendig, dass Situationen eskalieren.** Wer anderes erzählt, ist meiner Ansicht nach oft in Happyland. Durch die Zuspitzung können Fronten geklärt werden, die zuvor unter dem Deckmantel der „Neutralität" versteckt waren. Ich denke, um Eskalationen zu erreichen, muss man auch ab und zu ein wenig provozieren und es darauf ankommen lassen. Das bedeutet nicht nur, dass die Gegenseite ihre Komfortzone verlässt, sondern auch wir. So kann man am besten die Verantwortlichen zur Verantwortung ziehen und konkrete Maßnahmen von ihnen fordern, da sie sich klar positionieren müssen. Wenn wir über Druckausübung sprechen, sollten auch **Skandale als solche behandelt werden**. Wenn ihr das Gefühl habt, dass etwas passiert ist, was definitiv ein Skandal ist, solltet ihr erwägen, es als Skandal anzuprangern. Mir hat mal ein Professor of Color gesagt, dass man Rassismus im Studium immer wieder öffentlichkeitswirksam skandalisieren sollte. Dabei geht es darum, Gehör in der breiten Öffentlichkeit zu finden. **Direkte Aktionen und ziviler Ungehorsam** sind wirkungsvolle Methoden, um Druck zu erzeugen. Ziviler Ungehorsam stellt dabei eine spezifische Form der direkten Aktion dar, bei der bewusst gegen Gesetze verstoßen wird. Obwohl auch bei anderen Formen der direkten Aktion gelegentlich Gesetze gebrochen werden, ist dies nicht ihr primärer Zweck. Dazu mehr in Kapitel 10.

Bei direkten Aktionen geht es vor allem um die Ausübung von Macht, die wir in diesem Fall aufgrund unseres „outsider within"-Status haben (vgl. Kapitel 3). Direkte Aktionen bieten die ideale Möglichkeit, Druck zu erzeugen, zu stören oder neue Strukturen zu schaffen. Darüber hinaus dienen sie dazu, auf Unrecht hinzuweisen und das Gute zu verteidigen (!), wie Kahn Russell betont (vgl. 2014, S. 24).

In allen Fällen sollte immer geprüft und reflektiert werden, ob man Ressourcen für solche Handlungen hat, da z.B. im Zentrum eines Skandals zu stehen äußerst belastend sein kann. Man muss u.a. mit Reaktionen rechnen, die besonders herausfordernd sein können, insbesondere wenn man bereits traumatische Erfahrungen gemacht hat. Es ist wichtig zu betonen, dass dies auch im Kollektiv oder in einer Gruppe mit erheblichen Risiken und möglicher zusätzlicher Gewalt verbunden ist. Trotzdem gibt es die Chance, viel zu gewinnen.

Vorsicht ist geboten, da die andere Seite aggressiv reagieren kann. Angesichts der Machtverhältnisse von Institutionen und Menschen müssen wir uns daher gegenseitig schützen und solche Entscheidungen **kontinuierlich besprechen und reflektieren**. Kluge Strategien erfordern eine genaue Unterscheidung zwischen Risiken, die auf ein Minimum reduziert werden können (und sollten!) und solchen, die zwangsläufig eingegangen werden müssen. Zudem ist es wichtig, Mitstreiter*innen über alle möglichen Konsequenzen zu informieren (vgl. Boyd; Russell Kahn 2014, S. 155; Russell Kahn 2014, S. 26).

Bei Konfrontationen ist es gut, immer wieder das radikale Mindset (Kapitel 4) auszuloten und sich bestenfalls nicht von kleinen Zugeständnissen kaufen zu lassen, sondern bei konsequenten Forderungen zu bleiben. Es ist ein ständiges Abwägen und Aushandeln - auch mit sich selbst.

6.1.3 Störung & Irritation

„We take the privilege to talk within academia and make our
experiences accountable, to make our voices heard by those
who care to hear us. And for those who do not care, we will
speak louder."

(Bahadori 2022, S. 17)

Ich habe Störung und Irritation zusammengepackt, weil sie eng
miteinander verbunden sind. Wenn wir von Störung sprechen,
meinen wir Alpträume von konservativen Systemen wie
Bildungsinstitutionen, zum Beispiel Hochschulen. Störungen
können den **Betrieb lahmlegen** oder etablierte **Abläufe stören**.
„Eine Störung ist ein sehr effektives Werkzeug; du brauchst dazu
weder viele Leute noch viel Zeit oder eine großartige Planung"
(Mancias 2014, S. 42). Die Kontrolle liegt dann nicht mehr in
den Händen der Institution; wir zwingen sie dazu, Forderungen
zu erfüllen, um die Störung zu beheben. Störungen sind ultra
nervig für kapitalistische Systeme, auch weil es **Kapitalverlust**
bedeutet.

Irritation hingegen ist eine **Unruhe, Verwirrung oder
Unzufriedenheit,** die durch etwas hervorgerufen wird, das als
störend oder unangenehm empfunden wird. Das Ziel der
Irritation besteht darin, das System herauszufordern, indem die
herrschende Dynamik unterbrochen wird.

Diese Taktiken sind natürlich auch gut dafür, den Menschen zu
zeigen, dass Systeme vielleicht gar nicht mal so gut sind, wenn
man sie durch die kleinste Störung und Irritation so aus dem
Konzept bringen kann.

Das bedeutet im Klartext: Wenn wir gezielt für Störungen und
Irritationen sorgen, **verliert die Institution an Kontrolle**.
Gleichzeitig gewinnen wir an Macht und können maßgeblich an
Diskursen mitwirken. Durch Störung und Irritation können wir
das System richtig gut herausfordern.

6.1.4 Raumgestaltung & Präsenz

„In einer Widerstandsbewegung geht es immer auch darum,
Räume neu zu definieren, neu zu besetzen, zu schaffen."
(Wiedenroth-Coulibaly 2021, S. 403)

In diesem Kapitel wird das Zwischenziel der Raumgestaltung und Präsenz von mir behandelt. Es geht an Hochschulen unter den in Kapitel 2 beschriebenen Zuständen darum, zu einem großen Teil **Räume zu erkämpfen und diese dann so zu gestalten und zu definieren**, dass sie unseren Bedürfnissen gerecht werden und uns nachhaltig stärken.

> „Hier geschieht Regenerierung, Heilung, Bestätigung, Förderung; hier gibt es liebende An(teil)nahme, menschliche Wärme ohne das Aufrechnen von Gegenleistung. Mensch braucht ein solches Umfeld. Diejenigen, die zu › Anderen‹ erklärt werden, brauchen dies umso mehr." (ebd. S.406)

Ich sehe die Gestaltung unserer Räume als Akt des Widerstandes gegen die gewaltvollen Räume, in denen wir uns oft an Hochschulen befinden. Räume, die nicht uns gehören und Räume, die uns nicht haben wollen. **Räume sind als eine Ressource zu betrachten**, was man besonders daran merkt, dass sie uns oft nicht zugestanden werden. Man merkt das Potential dieser Räume allein daran, dass sie so sehr umkämpft sind bzw. bekämpft werden. Es sind z.B. die Diskussionen in hochschulpolitischen Gremien, ob safer spaces finanziert werden, weil ja „Gleichheit" herrschen würde. Oder daran, wie viele Menschen, die Rassismus erfahren, Rassismus unterstellen, weil sie ihre Räume fordern.

Wir können durch verschiedene Handlungen Räume schaffen und öffnen, in denen wir uns repräsentieren können, so wie wir sind. Dabei reicht es allerdings nicht nur, ein Haus oder Zimmer zu haben, sondern die Kommunikation und Interaktionen geben Räumen erst Sinn und Inhalt. Wichtig dabei ist, dass Menschen selbstbestimmt in ihnen sein können (vgl. ebd.).

„Wir brauchen Räume, aus denen Missachtung, Übergangenwerden, Funktionalisierung verbannt werden; Räume, in denen Achtung, Aufmerksamkeit und Anerkennung tagtäglich stattfinden, in denen menschliche Werte gepflegt, tradiert, vorgelebt, weitergegeben werden. Dies klingt idealistisch? Zu weit her geholt? Zu schönmalerisch? Mag sein - aber dies ist die Bedingung für gelingenden Widerstand, Widerstand beginnt im Kleinen, im Alltäglichen (…)." (ebd.)

In diesem Zusammenhang bezieht sich Präsenz darauf, in den Räumen präsent zu sein und aktiv teilzunehmen. Es geht darum, sich aktiv einzubringen zu können und gehört zu werden. In der Präsenz können wir unsere Bedürfnisse artikulieren, unsere Identität ausdrücken und uns gegenseitig unterstützen. Präsenz ermöglicht es uns, die Räume, die wir erkämpfen und gestalten, tatsächlich zu nutzen und mit Leben zu füllen. Indem wir präsent sind, tragen wir dazu bei, dass diese Räume zu Orten der Regenerierung, Heilung und gegenseitigen Unterstützung werden, an denen menschliche Werte gelebt und weitergegeben werden (vgl ebd.)

Und auch die **Abwesenheit ist nicht neutral,** sondern drückt etwas aus. Unterdrückung und Ausbeutung führen nämlich dazu, dass Menschen abgehalten werden, Räume der Hochschule oder Veranstaltungen oder ganze Semester zu besuchen. Also ist auch das Fernbleiben ein politisches Statement, weil im Kapitalismus vor allem Ressourcen darüber entscheiden, wer Bildung genießen darf und wer nicht.

6.1.5 Lernen & Verlernen

Die Auseinandersetzung mit Macht- und Herrschaftskritik und der damit verbundenen Praxis erfordert das Verlernen und das Lernen.

Das Verlernen beinhaltet die kritische Reflexion und Infragestellung von traditionellen Annahmen, um koloniale und kapitalistische Denkmuster zu überwinden. Dabei **bezieht sich das Verlernen nicht auf das Vergessen oder das Suchen nach neuem Wissen, sondern auf das Aufnehmen der Geschichten, Erfahrungen und Praktiken.** Es ist eine Praxis des Verlassens des vertrauten Raums und eine transformative Praxis, die es erfordert, geduldig und mutig in unsere eigene Entwicklung einzugreifen. Es ist eine Kunst, die uns dazu befähigt, uns von etablierten Denkmustern und Vorurteilen zu lösen und Raum für neue Perspektiven zu schaffen (vgl. Castro Varela 2021, S.122). „Neue Strukturen zu schaffen, setzt deshalb einen Prozess des Verlernens voraus" (Roig 2021, S. 327).

Lernen erfordert eine vertiefte Auseinandersetzung mit historischen Ereignissen, gesellschaftlichen Strukturen und den individuellen Erfahrungen von diskriminierten Gruppen. Wissen bildet die Basis. Darüber hinaus beinhaltet Lernen auch kritische Selbstreflexion. Wir müssen uns selbst reflektieren, da wir auch persönliche Entwicklungsprozesse durchlaufen müssen. Der Lernprozess dient somit nicht nur der Vermittlung von Informationen, sondern auch der persönlichen Transformation und der Entwicklung eines anti-rassistischen Bewusstseins.

In einem Hochschulumfeld beinhaltet das **Lernen die Erweiterung des Bildungskanons,** um verschiedene Perspektiven einzubeziehen, sowie die Förderung eines positiven Verständnisses von Vielfalt und Identität. Es ist ein **kontinuierlicher Prozess,** der nicht nur auf individueller Ebene stattfindet, sondern auch strukturelle Veränderungen auf institutioneller Ebene erfordert.

6.1.6 Empowerment & Powersharing

Das Konzept von Empowerment geht u.a. auf die weltweiten Befreiungskämpfe Schwarzer Menschen zurück. Es ist nicht nur eine Theorie, sondern beinhaltet automatisch praktisches Handeln als unerlässliche Voraussetzung für Befreiung. Dabei verstehe ich Empowerment wie ein „**dekoloniales, community-orientiertes Konzept zur Selbststärkung, Heilung und (Wieder-)Aneignung von Handlungsspielräumen von Menschen mit Diskriminierungserfahrungen**" (Nassir-Shahnian 2020, S. 30).

Im Kontext dieser Arbeit verstehe ich Empowerment deshalb „outside within" der Hochschulwelt als einen Akt, der es uns als Gemeinschaft ermöglicht, handlungsfähig und widerständig zu bleiben bzw. auch handlungsfähiger und widerständiger zu werden (siehe Kapitel 9).

Empowerment bedeutet deshalb, uns selbst zu ermächtigen, um uns gegen Unterdrückung in academia zu stellen, jedoch gleichzeitig das Ziel zu haben, in einer Welt leben zu wollen, in der alle Menschen Macht über sich selbst haben, auch wenn sie keine Akademiker*innen sind.

Deshalb ist Empowerment, unsere Stärken wahrzunehmen, anzuerkennen und zu nutzen. Darüber hinaus bedeutet Empowerment für mich auch, internalisierte Unterdrückungsmuster und das kolonisierte Selbst zu durchbrechen.

Es bedeutet für mich Wissenschaft und Bildung zu betreiben, die alle Menschen einschließt, ihre Perspektiven berücksichtigt und ihre Lebensrealitäten anerkennt.

Es bedeutet, dass vermeintliche Objekte zu selbstermächtigten Subjekten werden und Wissen jenseits hegemonialer Vorschriften re_produzieren.

Es bedeutet, Grenzen zu öffnen – nicht nur in der Wissenschaft und sondern auch z.B. an den europäischen Außengrenzen!

Es ist wichtig, dass wir in individuellen Situationen alleine selbstermächtigt handeln können, aber vor allem bedeutet es, eine kollektive Stärke aufzubauen, in der wir unser Selbstwertgefühl entdecken und kollektiv ermächtigt sind - als breite Bewegung.

Empowerment bedeutet für mich die Notwendigkeit von Aktivismus (vgl. Kapitel 5), wenn ich an den Kampf gegen Rassismus an deutschen Hochschulen denke. Es bedeutet für mich, dass wir einander Skills und Wissen weitergeben müssen, welche nicht im Curriculum zu finden sind.

Empowerment bedeutet für mich, meinen Genossis zu sagen, wie toll sie und die Dinge, die sie erschaffen, sind, um gegen unser Imposter-Syndrom anzukämpfen.

Empowerment erlaubt uns, dem Faschismus mit einem breiten Bündnis entgegenzutreten, indem wir unsere Bildung und unsere Wissenschaft als Waffe nutzen und uns die Macht verschaffen, autonom zu handeln – jenseits verrosteter Hochschulstrukturen.

Empowerment bedeutet für mich auch, sich staatlicher Kontrolle entziehen zu wollen und ist der Grundstein einer jeden Revolution.

Empowerment ist für mich ein fortlaufender Prozess, den wir „outside within" der Hochschule fördern können, um Orte zu schaffen, an denen wir unsere Ermächtigung vorantreiben und uns gegenseitig in diesem Prozess unterstützen, denn unser Ziel ist unsere Selbstermächtigung. Und die kann nur aus uns entspringen.

Ein ebenso wichtiges Konzept ist Powersharing. „Powersharing [...] verweist auf die Notwendigkeit, sich selber und die eigenen individuellen und strukturellen Positioniertheiten und Privilegien, die unsichtbaren und gleichzeitig beständig wirkmächtigen Platzanweisungen zu vergegenwärtigen und die sich daraus ergebenden Verantwortungen zu reflektieren." (Chehata; Jagusch 2020, S. 12)

Powersharing beziehe ich hier auf ein praktisch solidarisches Handeln von uns, das Macht hergibt. In meinem Verständnis geht es darum, diese Macht zu teilen. Das bedeutet in diesem Fall, z.B. die Öffnung und Umverteilung von Ressourcen, Zugängen und Diskursen in academia.

Powersharing bedeutet in dem Fall aber auch, einfach mal unsere liberalen und nicht loyalen Geschwister in die Schranken zu weisen, die meinen, Gatekeeping in academia betreiben zu müssen.

6.1.7 Communitystärkung & Organisierung

Ich definiere hier Community als eine Gruppe von Menschen, die dieselben Werte teilen und für dieselben politischen Ziele kämpfen, wie z.b. Bildung ohne Rassismus, Dekolonisierung und die Bekämpfung von Kapitalismus und allem, was damit zusammenhängt.

In solchen Gemeinschaften arbeiten wir zusammen, schmieden Pläne, sorgen füreinander, tauschen Wissen aus, geben uns Ratschläge, unterstützen uns in schwierigen Lebenslagen, feiern, zeigen Solidarität und schließen uns mit anderen Kämpfen und Orgas zusammen. Wir organisieren regelmäßig Veranstaltungen wie Workshops, Diskussionsforen und Vorträge... Wichtig: Der Wissenstransfer innerhalb einer marginalisierten Community stellt eine Alternative zur staatlichen Bildung und Wissenschaft dar.

Durch die kollektive Macht von Communities können Forderungen gestellt und Parallelsysteme organisiert werden, die sich z.B. durch gemeinschaftsbasierte Projekte und Ressourcenaustausch von staatlicher Kontrolle lösen (vgl. Dirik 2023: Weniger Staat, mehr Selbstorganisierung). Deshalb ist es dem „von *weißer* Vorherrschaft geprägten, kapitalistischen Patriarchat" (vgl. hooks 2022) ein Anliegen, diese Communities zu zerschlagen, wie wir es in sämtlichen Befreiungskämpfen sehen.

Der Spruch „**Without community, there is no liberation**" von Audre Lorde (1979, S. 18) betont die Bedeutung von Gemeinschaften im Befreiungskampf. Audre Lorde drückt damit aus, dass die **Solidarität** und Zusammenarbeit innerhalb von Gemeinschaften entscheidend sind, um wirkungsvollen Widerstand gegen unsere Unterdrückung zu leisten. Dabei geht es darum, weder unsere Unterschiede zu ignorieren noch sie als Trennungsursache für unsere Gemeinschaft zu nutzen (vgl. ebd.). Denn natürlich sind **Communities keine homogene**

Masse, daher geht es darum, Unterschiede anzuerkennen. Gleichzeitig sollte sich niemand frei von Unterdrückungsmechanismen sprechen.

> "Wenn wir in das Haus des Sklavenhalters einziehen und ihn stürzen, und weiterhin die gleichen Kontrollinstrumente einsetzen, die er einsetzte - wie physische Gewalt, Strategien des Trennens und Herrschens sowie Entmenschlichung -, wird das vergangene System lediglich durch ein anderes Unterdrückungssystem ersetzt, auch wenn die Absicht darin bestand, der Ungerechtigkeit ein Ende zu setzen." (Roig 2021, S.326)

Eine Gemeinschaft kann Räume öffnen, um gemeinsam zu reflektieren und an einem fürsorglichen Miteinander zu arbeiten. Die Idee von Gemeinschaft ist, dass individuelle Befreiung mit dem Gemeinschaftswohl und der Freiheit der gesamten Gemeinschaft verbunden sind. „There is no such thing as a single-issue struggle because we do not live single-issue lives" (Lorde 1982, S. 42) betont die **kollektive Natur gesellschaftlicher Transformation** und dass wahre Freiheit nur erreicht werden kann, wenn sie für alle Mitglieder einer Gemeinschaft gilt (vgl. Kapitel 4, Stichpunkt: black feminism).

Eine wichtige Rolle bei Gemeinschaften im Befreiungskampf und Widerstand spielt das Organisieren. Durch das Organisieren wird der Widerstand erst zu einer kollektiven Kraft, die den Status Quo nachhaltig transformieren kann. Organisieren kann verschiedene Formen annehmen, von studentischen Gruppen und Bündnissen bis hin zu breiteren sozialen Bewegungen. Diese Bewegungen organisieren sich nicht nur innerhalb der Hochschulgrenzen, sondern knüpfen auch Verbindungen zu anderen sozialen Bewegungen und Communities - auch außerhalb von academia. Selbstorganisierte, autonome, dekoloniale Studierendenbewegungen können das System herausfordern und alternative Ansätze zur Wissenschaft, Forschung und Bildung aufzeigen und bieten.

In den letzten Jahren habe ich gelernt, wie unglaublich wichtig das Organisieren von Gemeinschaften sowie neuen und sorgenden Strukturen ist. Obwohl ich Management und Pädagogik studiert habe, habe ich außerhalb der akademischen Welt praktisch alles Sinnvolle über Organisation gelernt. In neoliberalen Hochschulen ist die Perspektive auf Organisation natürlich nicht das, was ich unter gemeinschaftlichem Organisieren verstehe. Wenn es um antifaschistischen Widerstand geht, ist man an den meisten deutschen Hochschulen oder generell in unserem Bildungssystem fehl am Platz, wenn man etwas von den Institutionen erwartet, das über „Wir finden Rassismus blöd" hinausgeht.

Durch das Organisieren entstehen Allianzen, Verbündete und Netzwerke (vgl. Kapitel 6.1.7), mit denen man „die breite Front" formen kann, um Machtstrukturen an Hochschulen zu durchbrechen. Das Wichtigste beim Organisieren ist das Mobilisieren von Menschen, die bereit sind, sich der Gemeinschaft anzuschließen und mitzuwirken - so wie sie es wollen und mit den Ressourcen, die sie haben. Es ist jedoch auch wichtig, die Menschen davon zu überzeugen, dass es ebenfalls wichtig ist, dass sie sich organisieren und anschließen.

Also:

ORGANISIEREN

KÄMPFEN

GEWINNEN

(Bradbury; 2018, S. 11)

6.1.8 Allianzen, Verbündete & Netzwerke

> „Aktivismus bedeutet, die eigenen Möglichkeiten und die eigene
> Stimme so einzusetzen, dass sich die Dinge verändern. Organisieren
> bedeutet eigentlich dasselbe, nur dass zusätzlich andere mit
> eingebunden werden. Am besten begreift man das unter dem Aspekt
> der Gruppenbildung. Der Aufbau einer erfolgreichen Bewegung
> hängt weitgehend von der Fähigkeit ab, bereits bestehende
> Interessengruppen und Netzwerke zu erkennen." (Kahn Russell
> 2014b, S. 90)

Wie bereits im vorherigen Kapitel erwähnt, sind Communities
und das Bündeln verschiedener Kräfte entscheidende Faktoren,
wenn wir erfolgreich sein wollen. Dabei geht es auch darum,
nicht auf die Strategie des „Teilen und Herrschens"
hereinzufallen, die gerne vom „*weißen* Vorherrschaft geprägten,
kapitalistischen Patriarchat" (vgl. hooks 2022) verwendet wird.

Daher gehe ich auf drei Punkte ein, die wichtig sind:

Durch die Bildung von **Allianzen** können wir uns mit anderen
betroffenen Gruppen oder Individuen zusammenschließen und
unsere Ressourcen, Erfahrungen und Perspektiven teilen. Es ist
wichtig, dass wir als Studierende, die Rassismuserfahrungen
machen, Allianzen mit anderen (Gruppen von)
Wissenschaftler*innen, Professor*innen und Dozierenden of
Color eingehen. Aber nicht nur „nach oben" in der Hierarchie,
sondern auch mit anderen von Rassismus betroffenen Instanzen
innerhalb der Hochschule, wie zum Beispiel dem
Reinigungspersonal, dem Mensapersonal, den Mitarbeitenden
der Bibliothek und Verwaltung, dem Facility Management usw.
(vgl. Maureen Maisha Auma in Piorkowski 2020).

Das heißt auch gewerkschaftliche Allianzen sind wichtig. Durch
solche Allianzen können wir uns gegenseitig unterstützen und
auch in Arbeitskämpfen eine unterstützende Rolle spielen.
Allianzen sind nicht nur innerhalb der Institution wichtig,
sondern auch deutschlandweit und hochschulübergreifend. Ich
sage ja: Wir brauchen eine breite Front!

Verbündete oder auch Kompliz*innen, die keinen Rassismus erfahren, spielen ebenso eine wichtige Rolle, insbesondere *weiße* Menschen, die sich aktiv gegen Rassismus einsetzen und auch willig sind, ihren eigenen Rassismus zu reflektieren und ihre Machstrukturen zu brechen. Indem sie ihre Privilegien und ihre Position nutzen (Stichwort: Powersharing Kapitel 6.1.6), um auf Rassismus aufmerksam zu machen, können sie eine Unterstützung sein. Verbündete können dazu beitragen, Räume zu schaffen, in denen Rassismus bekämpft werden kann. Sie können auch dazu beitragen, dass die Anliegen und Forderungen der Betroffenen gehört und ernst genommen werden - so traurig es klingt: Wir brauchen verbündete *weiße* Menschen in diesem Kampf (vgl. z.b. auch Angela Davis zu schwesterlicher Solidarität *weißer* Frauen in ihrem Essay „Bildung und Befreiung: die Perspektive der Schwarzen Frau" 2022, S. 104 f.).

Aber auch wir müssen Verbündete sein, für andere marginalisierte Gruppen und Individuen und unser Bestes tun, uns wirklich solidarisch zu zeigen! Solidarität ist keine Einbahnstraße!

Seit meiner Jugend gibt es ein Motto, das lautet: „Netzwerken, Netzwerken, Netzwerken". **Netzwerke** spielen für uns eine absolut wichtige Rolle. Sie können zwar manchmal (oder auch oft) nervig sein, dienen jedoch (wenn sie gut organisiert sind) dem Austausch von Informationen und dem Knüpfen von Bündnissen, um diese nach außen zu tragen. Durch sie können wir auf eine Struktur zurückgreifen, in der es möglich ist, Unterstützung zu erhalten und den Druck auf die Hochschulen zu erhöhen z.B. auch durch das Potential der (internationalen) Mobilisierung. Was ich als besonders wertvolle Ressource im Hochschulkampf empfinde, sind interdisziplinäre Netzwerke, die aus verschiedenen Disziplinen und Fachbereichen bestehen. Dadurch kann man auf verschiedene Perspektiven und auch Wissensbestände zurückgreifen.

6.1.9 Pausen & Selfcare

Your body is a site of liberation.

It doesn't belong to capitalism.

Love your body.

Rest your body.

Move your body.

Hold your body.

(Tricia Hersey, 2022 in Rest is Resistance)

Rassismuserfahrungen und racial stress in Verbindung mit dem widerständigen Kampf gegen (noch) mächtige Institutionen sind eine enorme Belastung für unseren Körper, unseren Geist und unsere Seele. Wir haben mit vielen Traumata, mit viel Schmerz und Erschöpfung zu kämpfen. Zusätzlich zur Lohnarbeit und allen anderen Verpflichtungen, die wir erfüllen müssen. Daher ist es äußerst wichtig, dass wir uns Pausen gönnen und uns um uns selbst kümmern. Auch das ist ein Akt des Widerstandes.

Es ist enorm wichtig, auch einfach mal zu sein. Dinge zu tun und einfach sein zu können, ohne dabei irgendeine Arbeit zu leisten oder kämpfen zu müssen.

6.1.10 Feiern & Spaß

Zum Schluss ein Ziel, das ich als eines der erleuchtendsten finde:
Oft befand ich mich in Phasen, in denen ich dachte, dass Spaß
haben mir nicht erlaubt ist oder dass Feiern mir nicht vergönnt
ist, weil man oft denkt, dass man 24/7 die Welt retten müsste.

Wir sollten jedoch, im Blick behalten, dass wir kämpfen, um zu
gewinnen. Und wenn ich mir das alles so anschaue, gewinnen wir
ziemlich oft, auch wenn es sich nicht so anfühlt, weil alles einfach
so anstrengend ist. Unsere Arbeit ist ein Akt des Widerstandes
und wir bewirken jeden Tag Veränderungen allein durch unser
Sein. Deshalb bin ich der Meinung, dass wir auch Erfolge und
uns selbst, als wunderbare Wesen, feiern sollten.

Lasst uns Partys feiern, tanzen, singen und gemeinsam Zeit
verbringen. Lasst uns gutes Essen genießen, uns miteinander
austauschen und Pausen einlegen. Es ist uns erlaubt, uns selbst
zu belohnen und stolz auf die Veränderungen, die wir erreichen,
zu sein. Erlaubt euch, euch zu feiern und euch eine schöne Zeit
zu machen – denn ihr habt es verdient.

Und wenn *weiße* Menschen das ständig auf Institutionskosten
machen können, sollten wir versuchen, auch Gelder abzugrasen,
um das zu tun:)

Zudem würde ich euch gerne auf den Weg geben, dass
wissenschaftliches Arbeiten, wenn man denn dann die Grenzen
überschritten hat und Zero Fucks gibt, auch tatsächlich Spaß
machen und Freude bereiten kann! Und sollten wir nicht alle
Spaß haben?

6.2 How to riot against *white* academia - Beispiele

Hier sind konkrete Aktionen und Praktiken, um kämpferisch und widerständig gegen Rassismus an Hochschulen vorzugehen. Die Aufzählung sind alphabetisch geordnet und die Punkte werden jeweils den Zwischenzielen aus 6.1 zugeordnet. Ich habe mich dafür entschieden, die maximal drei zutreffendsten zu nennen.

Die Beispiele setzen sich zusammen aus meinen eigenen Erfahrungen, Ideen und denen, die ich mir entweder angelesen habe oder bei anderen Bewegungen spannend fand.

Für mehr Krawall gegen *white* academia!

Andere Betroffene suchen & Vorfälle aufdecken

Ziele: Aufdeckung, Sichtbarmachung, Allianzen

Es kann sehr sinnvoll sein, sich auf die Suche zu machen, um andere Betroffene zu finden, die mit der Institution oder bestimmten Personen die gleichen Erfahrungen gemacht haben, um so Vorfälle aufzudecken.

Ich habe die Erfahrung gemacht, dass der Kontakt zu anderen Studierenden of Color oft Muster von Professor*innen aufdecken kann, die unreflektiert rassistisch Handeln und sich dabei benehmen wie Arschlöcher. Das sind meist keine Einzelfälle! Wenn man sich zusammenschließt und die Erfahrungen teilt und auch Beweise sammelt, kann man diese so inner- und natürlich auch außerhalb der Institution weitertragen. Auch mit dem Hintergrund, andere zu warnen, dass sie zum Beispiel bei Person XY keine Prüfungsleistung ablegen sollen. Das funktioniert natürlich auch andersherum mit Empfehlungen.

Wie ich in Kapitel 2.2 schon geschrieben habe, habe ich oft den Eindruck, dass Professor*innen untereinander nicht wissen, was sie lehren. Auch dem kann man entgegenwirken, indem man zum Beispiel an der Hochschule anderen Professor*innen berichtet, was ihre Kolleg*innen da eigentlich so machen. So habe ich das in meinem Studium auch gehandhabt. Das ein oder andere Mal habe ich auch wie eine kleine Petze anderen Professor*innen oder dem Dekanat geschrieben, wie sich der Kollege verhält oder was er so lehrt :) Ich bin nicht da ran gegangen mit dem Gedanken, dass etwas Einschneidendes passieren wird, aber ich hatte die Hoffnung, dass es bei Wiederholung zu Konsequenzen führen kann.

Besetzung & Unterwanderung

Ziele: Störung, Raumgestaltung, Organisation

Ich war dieses Jahr zum ersten Mal auf einer Hochschulbesetzung eingeladen als Speakerin bei einer Podiumsdiskussion. Von einer Klimaorga, die ein Gebäude der RWTH Aachen besetzte. Ich habe es dort geliebt. Es war so erfrischend. Als ich dort ankam, dachte ich: „Ja, das ist großartig, ich möchte in diesem Umfeld lernen." Es war wirklich toll zu sehen, wie der physische Hochschulraum so gestaltet wurde, dass er für Menschen wie mich einladend war und eine großartige Gemeinschaft bot. Natürlich müssen wir als Betroffene von Rassismus auch innerhalb von Organisationen, die von *Weißen* dominiert werden, kämpfen. Dennoch können auch diese Räume angenehm sein. Zumindest angenehmer als das tägliche Hochschulleben - zumindest für mich. Es gab ein grundlegendes Verständnis von Rassismus und es wurden auch Forderungen nach Gerechtigkeit gestellt, im Kontext eines antirassistischen Ansatzes.

Besetzungen von Hochschulräumen sind eine direkte und sichtbare Form des Protests gegen rassistische Strukturen, die die Institution massiv stören und auch blockieren. Sie haben keine Kontrolle mehr über ihre Räume. Durch Besetzungen können Studierende und Aktivist*innen ihre Forderungen direkt in den Fokus der Hochschulgemeinschaft rücken, ohne dass die Verantwortlichen der Hochschule einen Einfluss darauf haben, was in den Dialogen und Räumen stattfindet. Sie erzeugen auch öffentliche Aufmerksamkeit. Man kann Besetzungen allerdings nicht ewig durchziehen, deshalb braucht es eine Auflösungsstrategie. Besetzungen können spontan ablaufen, aber gut geplant haben sie mehr Erfolg (vgl. Kahn Russell; Gupta 2014, S. 20 f.)

Ich würde mir wirklich wünschen, dass wir deutschlandweit Mobilisierung für anti-rassistische Besetzungen an Hochschulen erreichen könnten. Allein schon, um uns die Gebäude und Häuser anzueignen.

Neben den Besetzungen kann auch die Unterwanderung von Hochschulen eine effektive Taktik sein, um „von den Versammlungen der Mächtigen zu lernen, sie zu entlarven oder zu stören" (Bichlbaum 2014, S. 60). Dabei geht es darum, sich quasi einzuschleichen, zum Beispiel in Konferenzen oder Meetings, und zu beobachten, worüber dort gesprochen wird oder in Entscheidungen einzugreifen, bzw. diese zu

blockieren (vgl. ebd., S. 60 f.)

Bei beiden Punkten geht es vor allem darum, Raum einzunehmen und auch kapitalistische Eigentumsverhältnisse in Frage zu stellen.

Wem gehört die Hochschule? Wem sollte sie gehören? Sollte sie überhaupt jemandem gehören?

Beweise sammeln und Dokumentation

Ziele: Aufdeckung, Sichtbarmachung, Druckausübung

Es ist sehr wichtig, Beweise von Vorfällen oder Zuständen zu sammeln. Obwohl ich der Meinung bin, dass wir nichts mehr beweisen müssen, ist es taktisch von Vorteil. Dabei sollten nicht nur eure eigenen Beweise, sondern idealerweise auch Beweise von anderen Personen gesammelt werden. Eine umfangreiche Sammlung ist am vorteilhaftesten und trägt zur Aufdeckung bei. Die Veröffentlichung dieser Beweise hilft auch natürlich dabei, Rassismus und ähnliches sichtbar zu machen und in der Institution aufzudecken. Dabei kann ja das Veröffentlichen auch erstmal intern in der Hochschule oder Fakultät stattfinden. Es ist aber wichtig zu beachten, dass man das mit den Leuten, die

die Fälle erlebt haben, abklärt und nachfragt, ob diese wollen, dass man damit weitergeht. Viele von uns wollen das nicht, weil sie in krassen Machtverhältnissen stecken und wir sollten das natürlich respektieren und vertrauensvoll mit Informationen umgehen.

Ich habe mittlerweile ganze Ordner, in denen ich die Dinge, die mir widerfahren sind, dokumentiert habe. Mit Datum, Namen, Zusammenfassungen, Stellungnahmen, Screenshots und Mailverläufe. Ich habe einen Mailordner, einen Ordner auf meinem Rechner und einen Ordner in meinen Notizen, wo ich seit zwei Jahren mit Gedächtnisprotokollen dokumentiere. Bis jetzt hat mir das sehr geholfen, da es mir irgendwie ein Gefühl von Sicherheit gegeben hat. Ich konnte immer wieder darauf zurückgreifen und Muster wurden sichtbar. Denn es hilft auch sehr, den Rassismus für sich selbst sichtbar zu machen. Weil uns u.a. immer so viel eingeredet wird, wir würden uns das einbilden, glauben wir oft selbst daran, dass wir es uns einbilden! Darüber hinaus hat mir die Dokumentation geholfen, einige Täter*innen (zumindest ein bisschen) zur Rechenschaft ziehen zu können oder auflaufen zu lassen. Selbst wenn es Monate später war, konnte ich alte Vorfälle wieder auspacken und ansprechen.

Zumal es ja auch sein könnte, dass Vorkommnisse auch in Rechtsstreits enden, bei denen es immer gut ist, sich so abzusichern.

Choose your battles wisely

Ziele: Selbstfürsorge, Empowerment

Wir können nicht jeden Kampf führen, deshalb sollten wir uns genau überlegen, in welchen wir uns jetzt engagieren und welche uns nur Kräfte zehren, ohne viel Ergebnis zu erzielen. Das ist eine strategische Frage.

Demonstrationen & Proteste

Ziele: Störung, Sichtbarmachung, Druckausübung

Ich denke, wir sollten Hochschulen mit organisierten Protestaktionen und Demonstrationen stärker bestreiken. Habt ihr genug von den Lehrinhalten? Demonstriert! Habt ihr genug davon, dass ihr nicht an Entscheidungen beteiligt werdet? Protestiert! Ich sehe darin eine große Chance, um Druck auszuüben. Natürlich hängt dies jedoch von der Mobilisierung ab. Dennoch haben Demonstrationen und Proteste, die Störungen und Irritationen verursachen, einen Einfluss auf die Institution und zwingen sie dazu, ihre Strukturen, Praktiken und Haltungen genauer zu überdenken. Demonstrationen und Proteste lösen Unruhen aus. Durch die Störung von Hochschulaktivitäten bei Demonstrationen wird oft Medienaufmerksamkeit erregt. Diese öffentliche Aufmerksamkeit ist entscheidend, um nicht nur die Internen aus der Hochschule, sondern auch die breitere Öffentlichkeit auf das Problem des institutionellen Rassismus aufmerksam zu machen.

Wir als Studierende, die von Rassismus betroffen sind, können widerständige Boykotte als Protest initiieren und dazu mobilisieren. Indem wir als Studierende an einer Hochschule beispielsweise mehrere hundert Menschen mobilisieren, die bereit sind, die Hochschule zu boykottieren und dies medienwirksam zu gestalten, können wir ein starkes Signal senden und strukturelle Veränderungen fordern. Ich glaube, das wäre großartig.

Boykotte sollten nicht nur physische Blockaden beinhalten, sondern auch ein geistiges Bewusstsein schaffen.

Beispiel: „There was a student protest Wednesday at Hillcrest High School in Tuscaloosa County. Some 200 students, mostly African-Americans, walked out of class because they say they felt teachers aren't teaching key parts of Black History Month" (vgl. WBRC FOX6 News 08.02.2023).

Aber auch wenn wir an Patricia Hill Collins „Speak the truth to the people" denken, ist es wichtig, den Protest und den Widerstand nicht nur auf die Hochschulen zu beschränken, sondern auch auf die Straße zu tragen. Während das Handeln an den Hochschulen Diskussionen, Bewegungen und Politisierung innerhalb academia anstoßen kann, ermöglicht das Heraustragen eine breitere Sichtbarkeit und Mobilisierung. Wir müssen uns mit den sozialen Kämpfen, anderen Gruppen und Organisationen zusammenschließen. Durch die Verbindung verschiedener Kämpfe können wir eine größere und stärkere Bewegung aufbauen.

Digitale Gruppen und Verteiler

Ziele: Allianzen, Netzwerke, Communitystärkung

Ich weiß, dass es viele Leute gibt, die das nicht mögen. Aber ich bin in vielen Verteilern und Gruppen. Dort erhalte ich immer gute Informationen und kann auch Informationen teilen. Außerdem sind diese Gruppen gut für die Mobilisierung. Ich bin zum Beispiel in einer Gruppe für Menschen, die Rassismuserfahrungen machen. Man kann sie als Verteiler nutzen oder wenn man Fragen hat. Ich bin auch in Mailverteilern eingetragen. Und wenn ihr keine Gruppe habt, in die ihr reinkönnt, gründet eine Neue:). Aber seid dabei vorsichtig bezüglich Datenschutz und eurer Sicherheit.

Direkte Verhandlungen, öffentliche Debatten und Diskussionen

Ziel: Konfrontation, Präsenz, Erfolge

Nachdem ich meinen Outcall auf Social Media veröffentlicht hatte und nachdem drei Monate vergangen waren und ich nichts von der Hochschule gehört hatte, bekam ich im September 2022 eine Einladung zur nächsten Fakultätsratssitzung. Vorher hatte ich nur eine kurze telefonische Auskunft vom Dekanat erhalten, dass man sich um die Angelegenheit kümmern würde.

Die Einladung zur Fakultätsratssitzung, wie immer per Rundmail in der Fakultät verschickt, ließ mich innerlich aufkochen. Ich war so wütend. Vermutlich haben sie sich so lange nicht gemeldet, weil sie überfordert waren und versuchten, die Angelegenheit auszusitzen, um nach außen hin Ruhe zu bewahren und an einem schlechten Statement zu feilen, das sie dann vorlesen werden würden.

Um diesem Zustand entgegenzuwirken und bewusst eine Eskalation zuzulassen, mobilisierte ich Menschen aus meinen Netzwerken, um mich zu dieser Sitzung zu begleiten. Ich dachte mir, dass dieses Thema nicht in einer schlecht besuchten, völlig verstaubten Fakultätsratssitzung geklärt werden kann. Wenn überhaupt, dann muss das konfrontativ und mit vielen Menschen geschehen, sonst wird es nach einer verkrusteten Stellungnahme, Lügen und Relativierungen nach 10 Minuten wieder abgehakt sein. Mein Ziel war es, dem entgegenzuwirken. Das Kollegium bekam davon Wind, dass ich mit mehreren Menschen kommen wollte, und die Sitzung war daher von Mitarbeitendenseite besser besucht als sonst.

Ich bin so dankbar, dass etwa 35 Menschen mich zu dieser Sitzung begleitet haben. Es gab sogar Plakate. Diese Menschen - viele von ihnen selbst von Rassismus betroffen - haben alles mitverfolgt. Gemeinsam nahmen wir die Sitzung ein. Es waren

Menschen dabei, die mit mir studierten, und auch Menschen, die nicht studierten. Akademiker*innen und Nicht-Akademikeri*nnen. Ein wirklich guter und vor allem hochkompetenter Mix. Die Sitzung entwickelte sich zu einer etwa zweistündigen Konfrontation. Grob gesagt saßen wir auf einer Seite des Hörsaals, auf der anderen Seite eher Teile der Institution: Überwiegend Lehrende, Professor*innen, wissenschaftliche Mitarbeiter*innen und andere Studierende, die in die „Vorwürfe" involviert waren.

Wie ich bereits in Kapitel 2.2 erwähnt habe, ist es ziemlich schwer, ein Professor*innenkollegium vor die Nase zu bekommen, wenn man keine wissenschaftliche Mitarbeiterin ist. Deshalb war dieser Moment einfach nur eine Genugtuung. Und durch die Menschen, die mit mir dort waren, habe ich mich so stark gefühlt wie selten zuvor in der Hochschule.

Einige Szenen aus der Sitzung, in denen ich endlich die Gelegenheit hatte, den Professor*innen und Verantwortlichen meine Meinung zu geigen und Tacheles zu reden, sind auf Video dokumentiert. Eins davon hat auf Instagram etwa 250.000 Aufrufe und 5000 Likes erreicht.

Dieses Ereignis ist eng verbunden mit dem Kapitel „Raum einnehmen".

An dem Tag darauf fand unabhängig von dieser Aktion eine BIPoC Party vom BIPoC Referat TH Köln und Uni Köln statt. Das war einer der schönsten Abende in meinem Studium. Es hat so viel Spaß gemacht, den Erfolg feiern zu können und bin so dankbar für diese Ort innerhalb der Hochschule. Siehe auch Kapitel 1.1 „Was hat es bewirkt".

Prinzipiell können Treffen und Gespräche mit Hochschulverantwortlichen sinnvoll sein, um Druck auszuüben und konkrete Forderungen zur Beseitigung rassistischer Strukturen zu stellen. Ebenso kann die Initiierung von öffentlichen Foren und Diskussionsveranstaltungen hilfreich sein, um rassistische Praktiken offenzulegen und unter Druck zu setzen.

Kürzlich nahm ich an einer von Studierenden und einem Dozenten initiierten Veranstaltung teil. Während der Veranstaltung hielt ich einen Vortrag über Rassismus an Hochschulen. Auch das Rektorat war anwesend, um den Studierenden danach in einem Austausch zuzuhören. Sie haben dagesessen und mitgeschrieben. Was ein guter Prozess ist, vor allem, weil sie dann nicht mehr behaupten können, sie wüssten von nichts.

Manchmal ist es strategisch sinnvoll, den Dialog mit Verantwortlichen zu suchen und klare Forderungen zu stellen. Die Konfrontation mit rassistischen Strukturen sollte nicht nur auf individueller Ebene stattfinden, sondern systemische Veränderungen anstreben. Und ich sage mal so: Wer nicht reden will, der muss halt zum Reden gebracht werden. Deshalb sollten wir meiner Meinung nach, wenn wir etwas wollen, vielleicht auch nicht immer auf Termine warten, sondern uns z.B. durch das Stürmen von Sitzungen, Räten oder Gremien intern die Aufmerksamkeit holen, die uns zusteht.

Eigene Räte, Gremien oder Konferenzen einführen und gründen

Ziele: Irritation, Organisieren, Allianzen

An Hochschulen gibt es verschiedene Gremien und Räte und man hört ständig, dass man sich dort einwählen oder die öffentlichen Sitzungen besuchen sollte. Ich sage: Wir sollten einfach unsere eigenen Gremien gründen und unter den Studierenden groß machen, um den etablierten

Einschlafgremien die Stirn zu bieten. Wir tun einfach so, als seien sie genauso wichtig, mal sehen, wie weit wir kommen. Oder lasst doch mal an einem regulären Hochschultag eine Konferenz am Institut oder der Fakultät einführen und alle einladen.

Externe Ranking Plattformen

Ziele: Aufdeckung, Sichtbarmachung, Druckausübung

Es gibt Plattformen, auf denen man Hochschulen bewerten kann. Es kann auch sinnvoll sein, dort negative Bewertungen abzugeben. Auch hier natürlich besser mehrere als nur eine.

Fälle und Zustände sichtbar machen bei Feedbackmanagement, Gleichstellungsbüros, Anti-Diskriminierungsstellen, Evaluationen

Ziele: Aufdeckung, Sichtbarmachung, Druckausübung

Ihr könnt Vorfälle und Zustände innerhalb der Organisation sichtbar machen, indem ihr euch z.B. an das Feedbackmanagement, an Gleichstellungsbüros oder Anti-Diskriminierungsstellen wendet. Der Outcome davon wird euch nicht vollends zufriedenstellen. Aber obwohl diese Stellen oft beschränkte Handlungsmöglichkeiten haben, steigt die Wahrscheinlichkeit, dass jemand die Vorfälle bemerkt, wenn ihr euch an sie wendet. Diese Stellen dokumentieren die Vorfälle (auch anonymisiert) und berichten über ihre Arbeit inkl. der anonymisierten Fälle in verschiedenen Räten oder Gremien.

Intern kann man bei Evaluationen teilnehmen, um auf scheiß Strukturen oder Inhalte aufmerksam zu machen.

Optimal wäre es in allen Fällen, sich vorher abzusprechen und mit vielen Menschen zusammenzuarbeiten, um mehr Sichtbarkeit zu erreichen. Man kann beispielsweise das

Feedbackmanagement über verschiedene Accounts kontaktieren.

Ich habe mal eine Hausarbeit abgegeben, die nicht angenommen wurde. Also haben meine Freund*innen und Instagram-Follower*innen, nachdem ich sie gefragt habe, Mails ans Feedbackmanagement geschrieben, und Feedback gegeben, dass meine Arbeit doch angenommen werden soll. Sichtbarkeit! Und bisschen nerven:)

Finanzielle Unterstützung in schweren Lebenslagen

Ziele: Gemeinschaftsstärkung, Organisieren, Powersharing

Um uns in schweren Lebenslagen zu unterstützen, können wir uns in Gemeinschaften z.b. Spendenkampagnen einrichten, um einer anderen Person z.b. finanziell aus der Not zu helfen oder den Aufruf dazu immer wieder teilen.

Und da rufe ich große Accounts auch in die Verantwortung, solche Aufrufe zu teilen.

Flugblätter, Plakate, Zines gestalten und verteilen

Ziele: Sichtbarkeit, Irritation

Das wollte ich schon immer mal machen, aber es noch nie hinbekommen. Ich finde allerdings, dass Plakate, Zines oder Flugblätter eine gute Alternative darstellen, um diese in der Hochschule zu verteilen, aufzuhängen und über Rassismus aufzuklären bzw. diesen aufzudecken, Vorfälle anzuprangern oder Forderungen sichtbar zu machen.

Die Drucke solltet ihr euch vom AStA zahlen lassen.

Hilfsangebote annehmen und nach Hilfe fragen

Ziele: Selbstfürsorge, Gesundheit

> "If you don't feel OK, and it is safe to get mental health care in your
> country, and it is accessible to you, but you are ashamed to ask for
> help because 'other people have it much worse,' or 'the
> psychotherapist will judge me,' or 'I am so broken, I probably can't
> be helped': please still try and ask for help. If you or someone you
> know is in serious distress or wants to harm themselves, call a crisis
> line or emergency services; there are useful lists of crisis lines in
> different countries online." (Anonym 2023, S.64)

Es ist in Ordnung, Hilfsangebote anzunehmen, wenn sie
vorhanden sind, und es ist legitim, um Hilfe zu bitten. Es ist
nichts schlimm daran, Unterstützungsangebote wahrnehmen,
die das System hergibt. Vor allem nicht, wenn es eure
Gesundheit oder Menschen in eurer Umgebung betrifft.

Ich persönlich habe mal die psychosoziale Beratung des
Studierendenwerks in Anspruch genommen, was mir in dem
Moment Unterstützung bot. Es wäre natürlich überaus toll,
wenn jede Hochschule diese Unterstützungsangebote hätte mit
Unterstützenden, die explizit für Rassismus ausgebildet oder gar
selbst betroffen sind.

Es gibt beispielsweise auch Anti-Diskriminierungsstellen, die
Unterstützung anbieten, wie beispielsweise Begleitung bei
Gesprächen. Ihr habt auch die Möglichkeit, euch an externe
Anti-Diskriminierungsstellen zu wenden.

Seit dem Vorfall mit dem Professor, der das N-Wort auf seine
Lehrfolien geschrieben hatte und mit allem was danach passiert
ist, hatte ich sehr, sehr, sehr häufig Kontakt mit der internen
Anti-Diskriminierungsstelle und den Ansprechpersonen. Mir
das sehr geholfen und mich gestärkt. Dabei möchte ich jedoch
betonen, dass ich solche Stellen nicht als einzige Lösung
betrachte, sondern eher als Werkzeug in meinem
Werkzeugkoffer, wenn ich mehrere Werkzeuge für mein

Vorhaben benötige. Außerdem gibt es nicht an jeder Fakultät eine Anti-Diskriminierungsstelle und nicht alle sind aufgrund ihrer Zusammensetzung hilfreich.

Imposter-Syndrom bekämpfen

Ziele: Empowerment, Verlernen, Selbstfürsorge

Sagt euch gegenseitig, dass ihr großartig seid und euer Wissen in die Welt getragen werden muss, um gegen dieses scheiß Imposter-Syndrom anzukommen!

Irritierendes Verhalten im zwischenmenschlichen Kontakt

Ziele: Irritation

Zum Irritieren gehört auch, sich in zwischenmenschlichen Situationen unerwartet zu verhalten. Wenn ihr zum Beispiel immer in Sitzungen oder Seminaren seid und ständig kontert, kann es irritieren, wenn ihr einfach mal gar nichts sagt.

Wenn ihr immer angespannt durch die Hochschulräume lauft und auf Personen trefft, mit denen ihr keine Sympathie hegt oder bei denen immer Rassismus in der Luft liegt, könnt ihr sie einfach mal angrinsen und freundlich grüßen - aber versucht dabei authentisch zu wirken. Das irritiert sie richtig.

Es gibt bestimmt noch mehr solcher Beispiele, bei denen ihr so reagieren könnt, wie es das Gegenüber überhaupt nicht erwartet, ohne es in dem Moment zu einer Eskalation kommen zu lassen. Solche Dinge macht man eher, um dem Gegenüber ein Gefühl des Unbehagens zu vermitteln und sie zum Nachdenken und Grübeln zu bringen. Es ist sinnvoll, sich vorher zu überlegen: Was erwarten sie in bestimmten Situationen von mir? Und will ich sie jetzt irritieren, indem ich einfach mal was ganz anderes mache? Was wird sie am meisten irritieren?

Kampagnen z.b. Wahlkampf Guerillatheater (n. Bogad 2014)

Ziele: Sichtbarkeit, Irritation, Raumgestaltung

Wenn z.b. an eurer Fakultät gerade eine Person zur Dekan*in ernannt geworden ist, die überhaupt nicht mit Rassismus und dessen Auswirkungen umgehen kann, könntet ihr auch als eine Form einer Kampagne ein Wahlkampf-Guerillatheater aufführen, indem ihr euch für den Posten aufstellt. „Bei dieser Taktik bewerben sich Aktivisten scheinbar um ein öffentliches Amt, um in Wirklichkeit das politische System selbst oder die anderen Kandidaten kritisch vorzuführen" (Bogad 2014, S.62). Dabei will man die Macht der Position nicht, sondern diese in Frage stellen und abbauen. Wie das Ganze ausgeht, darauf hat man wenig Einfluss (vgl. S. 62 ff.).

Kennt eure Rechte und holt euch juristische Hilfe!

Ziele: Empowerment, Powersharing, Druckausübung

Ich bin kein Profi, wenn es um die Auseinandersetzung mit Gesetzen, Regelungen und Vorschriften rund um das Thema Hochschule geht, aber ich weiß, dass es sie gibt. Wir haben das Hochschulrahmengesetz, Landeshochschulgesetze, das Allgemeine Gleichbehandlungsgesetz, Prüfungsordnungen usw. Es kann hilfreich sein, sich mit seinen Rechten auseinanderzusetzen, da man so einen besseren Überblick über die eigenen Rechte und Schutzmechanismen erhält.

Ich wusste zum Beispiel sehr lange nicht, dass man, zumindest an meiner Hochschule, so etwas wie Befangenheitserklärungen abgeben kann.

Es war möglich, Befangenheitserklärungen gegenüber Prüfer*innen abzugeben. Damit gibt man mit einer Begründung an, dass man der unparteiischen Amtsausführung der prüfenden Person misstraut. So wurde eine andere prüfende Person bestellt.

Was machen Hochschulen, wenn plötzlich ganze Kurse Befangenheitserklärungen abgeben, weil der Professor diskriminierend ist, und man somit der „unparteiischen Amtsausführung misstraut"?

Es kann außerdem Druck auf Institutionen geben, wenn man sich juristische Hilfe holt oder damit droht, sich welche zu holen.

Es könnte sich z.b. auch lohnen hier Beratungsangebote des AStA, Studierendenwerks, der Gleichstellungsbüros oder Jurist*innenverbände etc. einzuholen oder innerhalb von Verteilern zu fragen, ob es jemanden aus den Communities gibt, die sich damit auskennen. Oder wenn ihr euch damit auskennt, bietet Workshops an für andere Studierende.

Kreative Störung

Ziele: Störung, Irritation, Druckausübung

Die kreative Störung kann beispielsweise bei Versammlungen, Gremien oder Räten, aber auch in Vorlesungen stattfinden. Man kann zum Beispiel mit einem Theaterstück unterbrechen oder Plakate und Transparente herstellen, um diese Veranstaltungen zu stören und auf eure Themen aufmerksam zu machen. Zudem können auch Kunstinstallationen im Hochschulalltag stören und irritieren und Menschen mit Verantwortlichkeiten zum Handeln zwingen (vgl. Mancias 2014, S. 42-45 ff.).

Kritische Veranstaltungen und Workshops etablieren

Ziele: Irritation, Verlernen, Lernen

Kritische Workshops und Veranstaltungen zu Macht- und Herrschaftskritik sowie Empowerment spielen eine große Rolle bei der Irritation von Hochschulstrukturen, da sie dazu beitragen, Bewusstsein zu schaffen, Bildung zu ermöglichen und die Revolution anzuheizen. Durch solche Veranstaltungen können wir Hochschulen sehr stark irritieren. Kritische Veranstaltungen und Workshops können als alternative Lehr- und Lernmethoden gesehen werden, die die Lehre der Bildungsinstitutionen generell in Frage stellen.

Ein Beispiel für solche Veranstaltungen sind Veranstaltungen und Workshops, die von BIPoC-Referaten organisiert werden, Beiträge der kritischen Einführungswochen oder auch Angebote während Besetzungen.

Ich selbst war z.B. vor Kurzem bei einer kritischen Einführungswoche an einer Hochschule eingeladen. Ich wurde von einem feministischen Referat gebucht, um einen Vortrag über Schwarzen Feminismus zu halten. Das habe ich auch getan. Nach 30 Minuten habe ich gefragt, was wir als Nächstes tun sollen und dann habe ich eine Stunde lang mit anderen Studierenden darüber nachgedacht, wie wir Widerstand leisten können. Solche Veranstaltungen sehe ich als Irritation an, weil sie das System nachhaltig herausfordern und Unruhe in die Institution bringen.

Lehren ziehen

Ziele: Communitystärkung, Lernen, Verlernen

Die Geschichte des anti-rassistischen und dekolonialen Widerstandes an Hochschulen ist lang und es gibt zahlreiche internationale Bewegungen und Kämpfe, von denen wir Skills, Ideen, Inspirationen, Taktiken und Strategien lernen können. Es ist sehr wichtig, dass wir uns mehr darüber austauschen. Lasst uns mit Bewegungen, Organisationen und Initiativen beschäftigen, die es gab und immer noch gibt (siehe z.b. Quellenverzeichnis)

Mails schreiben und so viele Menschen wie möglich in den cc setzen

Ziele: Druckausübung, Sichtbarkeit

Ich habe „gute" Erfahrungen mit der E-Mail-Kommunikation gemacht. Manchmal neigen Professor*innen dazu, rassistische Dinge in ihren E-Mails zu schreiben, was klar dokumentierte Beweise liefert. Ich habe mittlerweile einige solcher E-Mails in meinem Ordner. Aber auch ohne Rassismus hat man bessere Chancen, dagegen vorzugehen, wenn beispielsweise mündliche Absprachen ohne Zeug*innen getroffen wurden. Es ist am besten, Dinge wie Prüfungsbedingungen oder Zusagen auch per E-Mail zu klären. Durch schriftliche Kommunikation hat man im Fall der Fälle ein Druckmittel. Manchmal kann man dadurch auch etwas erreichen. Eine weitere effektive Methode, um Druck aufzubauen (siehe Kapitel 6.2), ist es, so viele Personen wie möglich, die damit zu tun haben, in CC zu setzen. Dadurch weiß die andere Person: „Ah, nicht nur die Studierenden bekommen davon Kenntnis, sondern auch meine Kolleg*innen! Vielleicht auch meine Vorgesetzten".

Mentor*innen-Programme

Ziele: Communitystärkung, Powersharing, Empowerment

Wir könnten Mentoring-Programme starten, um uns gegenseitig zu unterstützen und uns wissenschaftlich zu coachen.

Mit Visualisierungen arbeiten

Ziele: Sichtbarmachung, Irritation

Als ich einmal ein Referat über postkoloniale Bildung gehalten habe, habe ich zwei Collagen zur Betrachtung in der Präsentation erstellt. Bei der ersten Collage habe ich die Personen herausgesucht, auf die wir uns im Seminar als Quellen bezogen haben. Auf der anderen Collage habe ich die Personen platziert, auf die ich mich in meiner wissenschaftlichen Arbeit beziehe.

Namensweitergabe

Ziele: Aufdeckung, Sichtbarmachung, Empowerment

> „Kein Erbarmen mit den Fuckboys,
> kein Erbarmen mit den Racists.
> Nenn ihre Namen, sie wagen zu sagen:
> Sei leise, du weißt, wo der Place ist!"
> (Roger Reckless in seinem Song „Wie black")

Lasst euch nicht einschüchtern und tragt die Namen der Personen, die rassistisch zu euch sind, in die Welt, wenn ihr könnt! Redet darüber! Sie erwarten, dass ihr das nicht tut, also tut es!

Outcall

Ziele: Sichtbarkeit, Druckausübung, Irritation

Outcalls sind ein gutes Werkzeug für (mehrfach)marginalisierte Menschen, um Ungerechtigkeiten aufzudecken. Dies kann auf verschiedene Weisen geschehen, entweder anonym oder nicht anonym, durch öffentliche Outcalls. Dabei werden verschiedene Medienkanäle genutzt wie Blogs, Artikel oder soziale Medien. Alternativ kann auch die Presse, Zeitungen oder öffentlich-rechtliche Sender genutzt werden, um eine breitere Öffentlichkeit zu erreichen.

Eine weitere Möglichkeit besteht darin, neue anonyme Plattformen oder Medien einzurichten, auf denen Studierende rassistische Vorfälle melden und/oder darüber berichten können, um systematische Probleme aufzudecken. Zudem könnten öffentliche Stellungnahmen (individuell oder kollektiv) verfasst und veröffentlicht werden, um Druck auf die Institution auszuüben.

Online-Aktivismus ermöglicht es, Informationen „autonom" nach außen zu tragen. Dabei fungieren soziale Medien als effektives politisches Aktionsmittel und als Plattform, auf der (mehrfach) marginalisierte Menschen Raum haben, ihre Geschichten zu erzählen und aufzudecken. Online-Aktivismus ermöglicht vor allem eine schnelle Verbreitung von Informationen und kann dazu beitragen, auch rassistische Strukturen an Hochschulen öffentlich anzuprangern. Aus eigener Erfahrung kann ich sagen: Hochschulen sind mit Outcalls über Social Media sehr überfordert (dazu mehr in Kapitel 5.2). Ich empfehle besonders die Arbeiten von Prof. Dr. Moya Bailey, z.B. „Misogynoir transformed: black women's digital resistance" aus dem Jahr 2021, und von Feminista Jones, z.B. „Reclaiming our space: how black feminists are changing the world from the tweets to the streets" aus dem Jahr 2019. Im Juli 2022 habe ich ein etwa 45-minütiges Video auf Instagram hochgeladen, in dem ich über meine Erfahrungen berichtet habe (vgl. Truderung 2022; Kapitel 1.1).

Diese Aktion war bewusst gewählt, um in die Konfrontation zu gehen, aber ich wollte einen Skandal auch zu einem Skandal machen. Neben der Sichtbarkeit war mir klar, dass es zu einer Konfrontation und Eskalation kommen muss, wenn ich mich nicht zurückziehe und einfach mein Studium abschließe. Das Video wurde am Freitagmittag veröffentlicht, um sicherzustellen, dass es über das Wochenende sichtbar wird, bevor die Hochschulroutine am Montag wieder beginnt. Das Video erhielt auf Instagram tausende Aufrufe.

Der Outcall führte dazu, dass mehr Studierende, Lehrende und auch Professor*innen von meinen Erfahrungen in der Institution erfuhren - intern und extern. Deutschlandweit. Auch nach dem Video habe ich weitergemacht und viele Dinge veröffentlicht, die später passiert sind - was dazu führte, dass ich Transparenz herstellte und die andere Seite zum Handeln zwang. Denn wenn so viele Menschen das mitbekommen, kann man nicht nichts machen. „Aussetzen" ist auch eine Handlung. Allerdings hat das „alleine" veröffentlichen auf dem privaten Account auch seine Nachteile, insbesondere die Konfrontation mit Rechten und Rassismusrelativierer*innen.

Die emotional aufreibende Zeit, die ich mit dem Beantworten von Nachrichten verbracht habe, war enorm, aber der erhaltene Support war ebenfalls bedeutend. Obwohl einige aus der Hochschule, z.B. Professor*innen, sich nicht mehr trauten, mit mir zu reden, aus Angst, auf Social Media erwähnt zu werden, habe ich nie jemanden namentlich öffentlich bloßgestellt. Einige im Umfeld der Hochschule mögen es gewusst haben, aber ich habe bewusst darauf verzichtet, es für Außenstehende offenzulegen.

Ich muss jedoch auch sagen, dass es während des gesamten Prozesses Wochen gab, in denen ich tagelang nicht aus dem

Haus gegangen bin, weil ich durch die ganze Sache auch psychisch sehr gelitten habe. Glücklicherweise habe ich ein soziales Netzwerk, das mich unterstützt hat. Danke! Trotz der Herausforderungen würde ich diese Aktion definitiv wiederholen, jedoch mit einer besseren Struktur, Planung und auch einer abgrenzenden Haltung mit mehr Pausen.

Das Ganze hat nur funktioniert wegen Leuten, die mich und die Sache unterstützt haben. Social Media Outcalls leben von den Leuten, die sie teilen und unterstützen.

Petitionen & Unterschriftensammlungen

Ziel: Druckausübung, Sichtbarkeit

Petitionen sind ein wirksames Instrument, um Druck auf Hochschulen auszuüben und auf rassistische Zustände aufmerksam zu machen. Durch das Sammeln von Unterschriften und das Starten von bspw. Online-Petitionen können breite Unterstützung und Solidarität mobilisiert werden. Eine gut organisierte und öffentlichkeitswirksame Petition kann dazu führen, dass die Hochschule gezwungen ist, auf die Forderungen der Unterzeichnenden zu reagieren. Besonders interessant wird es, wenn ihr nicht nur online, sondern auch im Hochschulalltag aktiv werdet, indem ihr durch die Hochschule geht und Unterschriften für eure anti-rassistischen Forderungen sammelt. Ihr könntet auch die Büros von Professor*innen und anderen Mitarbeitenden besuchen oder sie im Seminar fragen, ob sie unterschreiben möchten. Natürlich erfordert dies Ressourcen wie Zeit und Energie.

Safer Spaces konzeptualisieren und schaffen

Ziele: Communitystärkung, Raumgestaltung, Empowerment

Die Schaffung von safer spaces und Gemeinschaftsräumen an Hochschulen ist ein wichtiger Schritt für uns, da wir in diesen Räumen wachsen und uns stärken können. Diese Räume können Gefühle von Sicherheit und Zugehörigkeit vermitteln. Zudem können hier Verarbeitungsprozesse stattfinden und ein Raum geschaffen werden, in dem man auch mentalen Beistand erhalten kann und wir uns gegenseitig unterstützen können. Es sind Orte, an denen wir uns fallen lassen und so sein können, wie wir sind. Zumindest ist das die Vorstellung, und ja, das trifft in vielen Fällen zu.

Aber nicht umsonst heißen diese Räume „safer" und nicht „safe spaces". Denn auch wir sind nicht frei von Unterdrückungsmechanismen und ausgrenzendem und verletzendem Verhalten. Auch in unseren eigenen Kreisen geschieht so viel Gewalt. Deshalb sind safer spaces Orte, die „sicherer", aber nicht „sicher" sind.

Um diese Erkenntnis ernst zu nehmen, ist es wichtig, dass wir diese Räume nicht nur schaffen, sondern sie entwickeln, pflegen und gerechter gestalten, für alle Beteiligten. Das bedeutet, dass wir in der Praxis Konzepte entwickeln müssen und im stetigen Austausch über die Bedürfnisse unserer Gemeinschaft stehen sollten. Es ist ein fortlaufender Prozess.

Wir sollten immer, wenn möglich und nötig, dafür sorgen, dass wir diese Räume erschaffen. Und wenn solche Räume nicht berücksichtigt werden, sollten wir uns diese Räume einfach nehmen - sie müssen ja nicht offiziell ausgeschrieben sein. Wir brauchen keine Institutionen, die uns diese Räume „zur Verfügung" stellen. Natürlich sollten wir gleichzeitig auch nicht davon absehen, safer spaces zu fordern oder diese fest einzuplanen.

Emilia Roig nennt diese Orte „kleine Oase in der Wüste" (Roig 2021, S. 23). Räume in academia, wo sie Zugehörigkeit und Solidarität empfand.

Selbstorganisierte Gruppen gründen

Ziele: Organisierung, Gemeinschaftsstärkung, Empowerment

Gründet selbstorganisierte, autonome Gruppen! Dies kann auch im kleinen Rahmen geschehen. Es müssen nicht direkt große Treffen sein, sondern anfangs reichen kleine Treffen und Räume, um sich Gedanken über die Raumgestaltung zu machen. Das bedeutet natürlich nicht, dass man nicht so viele Menschen wie möglich einbeziehen sollte.

„The Power of no"

Ziele: Empowerment, Selbstfürsorge, Irritation

„Nein" zu sagen, stellt eine widerständige Praxis dar (vgl. Schneller 2023, S.197). Allerdings ist diese Praxis oft einfacher gesagt als getan. Viele von uns wurden dazu erzogen, es anderen Menschen recht machen zu wollen und sind daher People Pleaser. Es fällt uns schwer, nein zu sagen.

Es ist deshalb widerständig, Nein zu sagen und sich auch zu weigern, Dinge anzunehmen oder durchzuführen. Es ist okay, Angelegenheiten abzubrechen, zu gehen oder auf etwas zu verzichten. Es ist wichtig, dass wir uns selbst respektieren und unsere eigenen Bedürfnisse priorisieren.

Nein zu sagen, gehört nicht nur zur Entwicklung von persönlichen Grenzen, sondern auch zur Entwicklung von kollektiven Grenzen. Es ist ein Akt des Widerstandes, der Abwehr, weil es dem Selbstschutz dient. Wenn wir uns erlauben,

Nein zu sagen, zeigen wir anderen Menschen und der Gesellschaft, dass wir unsere eigenen Grenzen kennen und respektieren - auch in der Hochschule und im Umgang mit *white academia*. Nur weil wir „Nein" sagen, sind wir keine schlechten Menschen. Ich finde, dabei geht es auch nicht darum, von Anfang an zu allem „Nein" zu sagen, zu dem man gerne „Nein" sagen würde. Wie gesagt, viele von uns sind zu People Pleasern sozialisiert und es ist auch hier ein Prozess, es uns „abzugewöhnen". Wir können daran arbeiten, unsere Boundaries zu setzen. Verlernen und lernen.

„Nein, wir machen die Arbeit nicht mehr unbezahlt"

"Nein, wir möchten nicht mehr von Menschen, die racist sind, belehrt werden"

"Nein, ich höre mir jetzt nicht den Bullshit in diesem Seminar an, sondern gehe!"

„Nein, ich will keinen Platz am Tisch, sondern baue mir meinen eigenen!"

„Nein, ich möchte diese Frage jetzt nicht beantworten!"

"Nein, ich möchte die Hausarbeit jetzt nicht so schreiben, wie du es von mir verlangst"

"Nein, wir machen nicht mehr mit und verlangen ab jetzt eine angemessene Vertretung verschiedener Perspektiven in Lehrplänen."

Beispiel: Ich war vor ein paar Wochen in einer Sitzung eines Gremiums an meiner Fakultät. Ich habe die Leute dort zehn Minuten reden gehört, bin darauf hin aufgestanden, hab gesagt: „Ich kann das hier nicht" und bin gegangen. Das war ein Klares „Nein" meinerseits. „Nein, ich gebe mir diesen Bullshit hier nicht mehr."

Veranstaltungen, Workshops, Seminare for us by us

Ziele: Stärkung, Communitystärkung, Organisation

Es gibt viele Ideen, die mir einfallen, wenn ich an dieses Thema denke. Zum Beispiel könnten wir Selbstbehauptungs- und Selbstverteidigungskurse für uns von uns anbieten. Wir könnten Kurse anbieten, in denen wir Fähigkeiten zu verschiedenen Themen teilen könnten. Außerdem könnten wir Räume schaffen, um uns zu reflektieren, Literatur- oder Lesezirkel gründen und Austauschforen oder Solidaritätsaktionen starten.

Bei diesem Thema gibt es viele Möglichkeiten für den Inhalt, aber wir sollten vor allem planen, konzeptualisieren und sowohl innerhalb als auch außerhalb der Hochschule durchführen - von uns für uns.

Veröffentlichen, veröffentlichen, veröffentlichen

Ziele: Sichtbarkeit, Irritation, Präsenz

Wir sollten sicherstellen, dass unsere Arbeiten - zumindest einige davon -veröffentlicht werden. Ich habe das Gefühl, dass in der akademischen Welt nur bestimmte Menschen ermutigt und unterstützt werden, ihre Arbeit zu veröffentlichen. Und diese sind oft nicht radikale Menschen of Color. Wir leiden oft unter dem Imposter-Syndrom und denken, dass niemand Interesse daran hat, was wir im Rahmen unseres Studiums schreiben. Uns wird dies auch ständig eingeredet! Ich denke, wir sollten veröffentlichen, veröffentlichen, veröffentlichen. Das zeigt Präsenz und mittlerweile können wir beispielsweise mithilfe von Fundraising oder On-Demand-Plattformen Dinge veröffentlichen. Wir können auch Plattformen oder Wissensarchive einrichten, auf denen wir unsere Arbeiten untereinander veröffentlichen, einschließlich Bachelorarbeiten, damit wir sie gegenseitig zitieren können.

Widersprechen

Ziele: Irritation, Aufdeckung, Konfrontation

„Sometimes we have to do the work even though we don't yet see a glimmer on the horizon that it's actually going to be possible."

Angela Davis

Ständiges Widersprechen empfinde ich als extrem anstrengend und es raubt uns unfassbar viele Ressourcen. Trotzdem ist es notwendig zu widersprechen, auch in academia und an Hochschulen, weil sie so herausgefordert werden können. In wissenschaftlichen Auseinandersetzungen bedeutet widersprechen, etablierte Denkmuster, Theorien und Methoden zu hinterfragen, die oft von dominierenden *weißen* Perspektiven geprägt sind. Es bedeutet auch, Klartext zu reden und aufzuzeigen, dass Dinge zum Beispiel gelogen oder falsch sind. Das Stellen unbequemer Fragen, das Einbringen unerwarteter Perspektiven und das Aufmerksam machen auf Rassismus tragen dazu bei, dass Rassismus nicht länger ignoriert wird.

Ein Beispiel hierfür ist die Teilnahme an Diskussionen. Es ist effektiv, sich mit anderen zusammenzuschließen und gemeinsam bei Podiums- oder Fishbowl-Diskussionen bestimmten Standpunkten zu widersprechen. Das machen Menschen aus meinem Umfeld und ich oft. Wir schließen uns aus taktischen Gründen zusammen und gehen zu solchen Veranstaltungen, um zu widersprechen. Allerdings habe ich festgestellt, dass stundenlange Diskussionen in bestimmten Kontexten wenig zielführend sind, auch weil in *white* academia oft mit vielen Ablenkungsmanövern gearbeitet wird. Mittlerweile trenne ich meistens das klare Widersprechen von ausführlichen Diskussionen. Wenn ich widerspreche, erfolgt dies prägnant und zielführend, ohne mich in langwierige Debatten zu verwickeln. Aber wenn ich Lust habe, mit Unbekannten in den sozialen Medien zu diskutieren, mache ich das auch.

Zeug*innen mit in Gespräche nehmen

Ziele: Druck ausüben, Selbstfürsorge

Als ich bemerkte, dass ich in Gesprächen mit Verantwortlichen häufig getäuscht wurde und mir die Worte im Mund herumgedreht wurden oder mir Dinge zugesichert wurden, die nicht eingehalten wurden, habe ich Zeug*innen zu den Gesprächen mitgenommen. Dies waren Menschen, denen ich vertraute, um mich abzusichern, z.B. Freund*innen, Kommiliton*innen oder jemanden von der Anti-Diskriminierungsstelle. Das Mitnehmen von Zeug*innen bringt die Gegenseite in eine bestimmte Situation, da sie Verantwortung übernehmen und Zusagen einhalten muss. Ich habe das auch natürlich nicht immer vorher abgeklärt, sondern die Leute einfach wie selbstverständlich mit reingenommen. Manchmal auch zwei Leute.

Zitieren ist politisch!

Ziele: Sichtbarmachung, Communitystärkung, Powersharing

In meiner wissenschaftlichen Arbeit versuche ich mittlerweile Sichtbarkeit zu schaffen für Menschen, die (Mehrfach)Marginalisierung erfahren. Es gibt aber auch Hausarbeiten von mir aus dem Bachelorstudium, bei denen mein ganzes Quellenverzeichnis aus *weißen* Menschen bestand - auch weil das der Kanon irgendwie erwartet und ich das noch nicht so ganz durchblickt habe. Das würde ich heute niemals mehr so tun. Meine Freundin Dr. Rahab Njeri sagt immer: „Zitieren ist politisch!" und so ist es auch. Wir können in unserer Forschung, Lehre und Wissenschaft selbst dafür sorgen, dass wir „uns", Menschen mit Rassismuserfahrungen, Sichtbarkeit verschaffen.

Sonstige Tipps

- Mir wird oft erzählt, dass sich Menschen tierisch darüber ärgern, „nichts gesagt zu haben", wenn jemand z.b. rassistisch ihnen gegenüber war. Ich denke, wir sollten uns deswegen keinen Druck machen. Wenn der richtige Zeitpunkt gekommen ist, werdet ihr etwas sagen. Außerdem hat auch „Nichts-sagen" seinen berechtigten Grund darin, mit seinen Ressourcen hauszuhalten. Und es ist ein individueller Prozess, in dem wir lernen müssen, Situationen einzuschätzen z.b. auch bezüglich des in Gefahr bringens.

- Da das Hochschulsystem eine „Reputationsmaschinerie" ist (vgl. Wagner 2012, S. 79 ff.), tun Menschen alles dafür, Reputation zu erhalten und zu behalten. Deshalb ist „die Wissenschaft" auch ein ziemlich abgefucktes Pflaster, weil dort viele Machtspielchen gespielt werden. Achte also genau darauf, wem du was anvertraust. Und umgib dich mit Menschen, die dir guttun, dir auch gut gewillt sind und dich unterstützen!

- Sei kein „Pick-me-BIPoC". Ein „Pick-me-BIPoC" (angelehnt an „Pick-me-Girl") ist in meinem Verständnis eine Person, die versucht, Anerkennung von *weißen* Menschen zu gewinnen, indem sie sich von anderen BIPoC distanziert. Pick-me-BIPoC betonen dabei bei *weißen* Menschen, wie viel besser oder anders sie sind, im Vergleich zu „den anderen".

- Auch Menschen of Color, die Rassismus erfahren, können Arschlöcher sein. Nur weil jemand von Rassismus betroffen ist, bedeutet das nicht automatisch, dass die Person ein politischer Verbündeter ist. Diese Rechnung z.b. mit "Ich suche mir einen BIPoC Prof.

für die Prüfung, der mich fair bewertet" geht nicht auf, und das sind die Grenzen der Identitätspolitik. Letztendlich geht es um politische Ziele, und wir sind nicht alle auf derselben Seite, nur weil wir die Betroffenheit teilen.

- Mach es nicht, um jemandem etwas „zu beweisen". Egal wie erfolgreich du wirst , die Leute, denen du es „beweisen" möchten, interessieren sich nicht dafür, da sie dich wahrscheinlich sowieso nicht ernst nehmen. Du solltest es für dich oder ein anderes Ziel tun, aber nicht, um es Person XY von vor 10 Jahren aus der Schule „zu beweisen". Das musste auch ich feststellen.

- Es geht nicht darum, „alle zu erreichen". Ihr werdet nie "alle erreichen". Das darf nicht euer Ziel sein, sonst macht ihr euch daran kaputt. It will never happen. Es gibt Menschen, die nicht erreicht werden wollen. Und es geht auch nicht darum, „mehr" zu sein, sondern darum, stärker zu sein.

- Eine wichtige Sache, die ich wirklich durch meine Ungeduld lernen musste, ist, dass es sich hierbei um einen Prozess handelt. Eine radikale Änderung ist kein einmaliges Ereignis, sondern erfordert kontinuierliche Anstrengungen und Geduld.

„Revolution is not a one-time event. It is becoming always vigilant for the smallest opportunity to make a genuine change in established, outgrown responses; for instance, it is learning to address each other's difference with respect."

(Lorde 1982, S. 45)

7. Repressionen & Backlashs

Da wir uns hier in einem Kampf um Ressourcen befinden, müssen wir uns darüber im Klaren sein, dass es, wenn wir uns organisieren und aktiv gegen den Status Quo vorgehen, zu Repressionen und Backlashs kommen wird. Unsere Sichtbarkeit bietet Angriffsfläche und unsere Widerstandsakte werden für andere zur Provokation.

Die Menschen, die Macht, Privilegien und Ressourcen haben, geben diese nicht einfach her, sondern werden sich wehren und sie verteidigen.

> „Landesweite Interessensvertretungen von Student_innen of Color sind für die Zukunft nicht abwegig und können sich dem akademischen Widerstand von Wissenschaftler_innen of Color anschließen. Dies ist jedoch vor allem ein Prozess, der Zeit und Ausdauer erfordert und nicht ohne Widerstände seitens weißer Dozent_innen und Kommiliton_innen ablaufen wird." (Aslan 2017, S. 68).

Studierende of Color, die sich für Veränderungen und gegen das von „*weißer* Vorherrschaft geprägten, kapitalistischen Patriarchat" (vgl. hooks 2022) einsetzen, sehen sich mit Repressionen und Gegenreaktionen auf verschiedenen Ebenen konfrontiert. Dies beginnt mit der aktiven Behinderung ihrer akademischen Laufbahn durch bspw. schlechtere und unfairere Benotung, die Prüfende aufgrund unausgeglichener Machtverhältnisse durchsetzen können, bis hin zur Verweigerung von Ressourcen. Hinzu kommt, dass diese Auseinandersetzungen natürlich auch Auswirkungen auf das soziale und private Umfeld haben und zu mentalen Beeinträchtigungen der Gesundheit führen können.

Je lauter Studierende of Color werden und ihre Rechte einfordern desto mehr diffamierende, degradierende und verleumderische Angriffe kommen von der Gegenseite. Dabei werden Gerüchte verbreitet, falsche Anschuldigungen erhoben oder der Ruf der Studierenden, Aktivist*innen und Wissenschaftler*innen of Color werden absichtlich beschädigt, um ihren Einfluss zu schwächen. Dies kann z.b. bedeuten, dass rassistische und völlig fragile Professor*innen zusammen mit Studierenden eine Stellungnahme durch den Verteiler der Fakultät unter Mitarbeitenden verbreiten, in der sie auf mehreren Seiten Lügen, Falschbehauptungen und weiteren Rassismus zusammentragen, um sich ihrer Empörung bzgl. Anti-Rassismus Gehör zu verschaffen.

In den schlimmsten Fällen kann dies dazu führen, dass Gespräche aufgedrängt oder mit Sanktionen bis hin zum Rauswurf gerechnet werden muss.

Besonders schwer wiegt jedoch die mangelnde Unterstützung in solchen Prozessen seitens der Institution. Ressourcen, Finanzmittel oder Möglichkeiten zur Teilnahme an Entscheidungsprozessen werden vorenthalten, um den Aktivismus von zu lauten Schwarzen Studierenden zu erschweren.

Repressionen wie diese verlaufen oft subtil und man hat keine Handhabe, etwas juristisch dagegen zu tun, da der Rassismus so und mit den vorhandenen Rechtslagen schwer nachweisbar ist.

Deshalb braucht der Widerstand einen guten Plan, in dem alle Fälle mit einkalkuliert werden und taktisch gut vorgegangen wird, um sich abzusichern.

Zudem bekommen wir gerade hautnah mit, wie in Deutschland eine völlige Eskalation nationalsozialistischer und faschistischer Ideologien stattfindet und (mehrfach)marginalisierte und linke Stimmen zum Schweigen gebracht werden, sie sie ausgeladen oder gekündigt werden, wenn sie grundlegende Menschenrechte für alle einfordern. Das alles während Nazis Pläne schmieden, sich organisieren, morden und Deutschland einnehmen.

Wir kriegen mit, wie mal wieder nach dem Prinzip „teile und herrsche" agiert wird und verschiedene marginalisierte Gruppen gegeneinander ausgespielt werden.

An einigen Hochschulen gab es in der Zeit, in der ich jetzt diese Arbeit schreibe (November 2023), einige Vorfälle eskalierender von der Institution ausgehender Gewalt, und wir wissen auch aus der Geschichte, dass deutsche Hochschulen nicht davor zurückschrecken, beispielsweise die Polizei oder Sicherheitsdienste gegen ihre widerständigen Studierenden einzusetzen oder andere Formen der Repression anzuwenden, um sie mundtot zu machen.

Gleichzeit sind der faschistische Staat, Personen wie Nancy Faeser aka Nancy Seehofer und auch große Teile dieser Gesellschaft gerade im Gange und machen wieder Jagd auf „Radikale". Wenn wir in die Geschichte blicken, wissen wir, was das bedeutet...

Also bitte tut euch den Gefallen: Sorgt und schützt euch so gut wie möglich. Gemeinschaftlich. Zeigt euch solidarisch und verbündet euch. Lasst niemanden alleine in dieser absolut beschissenen und angsteinflößenden Zeit.

We are better together.

8. Abolish Hochschulen!

„[...] vielleicht doch aufhören mit dem Doing von Diversity, und
anfangen mit dem Doing von Abolition."

(Thompson 2021a, S.143)

In Zusammenkünften mit anderen Studierenden,
Wissenschaflter*innen oder anderen Personen, die irgendwo im
Hochschulbereich sind, habe ich oft das Gefühl, dass wir das
eigentliche Hauptziel aus den Augen verlieren oder dass viele
dieses Ziel auch nie hatten. In Kapitel 6 habe ich verschiedene
Zwischenziele behandelt, die erreicht werden können. Jetzt
komme ich auf das strategische Hauptziel, das ich basierend auf
meinen wissenschaftlichen Informationen für am logischsten
halte.

Wenn wir Hochschulen als koloniale und kapitalistische
Institutionen betrachten, haben sie bereits und werden immer
wieder Gewalt re_produzieren, unabhängig davon, ob es eine
Anti-Diskriminierungsstelle mehr oder weniger gibt, oder ob es
diversere Professor*innen gibt (vgl. Thompson 2021a, S.145).

Letztendlich, und hier komme ich auf das radikale Mindsetz
zurück (vgl. Kapitel 4), sollte unser Ziel darin bestehen, die
Gewaltre_produktionsstätte zu zerstören und uns im Kampf
dagegen nicht durch Reformen oder kleine „Verbesserungen"
täuschen zu lassen, die uns nicht zur Befreiung führen werden.
Oft werden uns diese „Verbesserungen" als solche verkauft,
führen aber letztendlich auch zu Verschlechterungen, weil die
Ursache ignoriert wird und u.a. diese Institutionen mehr Macht
dadurch gewinnen können. Es ist daher entscheidend, sich mit
abolitionistischen Perspektiven auseinanderzusetzen, um die
Institution Hochschule nicht nur zu „verbessern", sondern das
System grundlegend neu zu denken und zu gestalten.

Aus früheren Befreiungskämpfen Schwarzer Menschen können
wir lernen. Abolitionismus ist ein theoretischer, transformativer

Ansatz, eine Analysemethode und gleichzeitig aber auch eine soziale und politische Bewegung und Praxis (Davis et. al. 2023, S. 19; Thompson 2021b, S. 50; Loick, Thompson 2022, S. 43 f.). Dabei ist „Abolitionismus [...] ohne radikalen, anti-kapitalistischen, anti-rassistischen, dekolonialen und queeren Feminismus unvorstellbar" (INCITE! zit. n. Davis et.al. 2023, S. 9).

Historisch gesehen entstand der Abolitionismus aus der Schwarzen Befreiungsbewegung gegen die Sklaverei in den USA, Südamerika und der Karibik. Die haitianische Revolution - mit der es sich übrigens auseinanderzusetzen lohnt - ist ein Beispiel für die abolitionistische Bewegung und eine abolitionistische Praxis. Der Gedanke hinter dem Abolitionismus war, dass die Sklaverei nicht verbessert werden konnte, sondern dass das gesamte System abgeschafft werden sollte (vgl. Thompson 2021b, S. 50). Die Abolitionistische Bewegung organisiert sich vor allem gegen die Polizei, das Militär, Gefängnisse, Grenzen und Lager, ökologische Zerstörung, Eigentum und Kapitalismus (vgl. Loick; Thompson 2022, S. 7 ff.)

> „Abolitionismus bedeutet dabei jedoch nicht einfach Abschaffung. Es geht vielmehr um gesellschaftliche Transformation und die Stärkung und gleichzeitige Dekolonisierung der Institutionen, die nicht lediglich als repressiv gelten, die jedoch gleichzeitig wesentlich zu den mörderischen Projekten der Versklavung und des Kolonialismus beigetragen haben." (Thompson 2021a, S.144)

Deshalb würde ich das auch gerne auf Hochschulen übertragen, was auch bereits Vanessa E. Thompson mit ihrem Essay „Rassismus an Hochschule. Intersektionale Verstrickungen und Möglichkeiten des Abolitionismus" (2021a) getan hat.

In den Kapiteln davor argumentiere ich, dass Hochschulen Gewalt re_produzieren innerhalb der Hochschule, aber sie legitimieren auch die Gewalt außerhalb der Hochschule und sind eng verstrickt in gewaltsamen kapitalistischen Systemen wie in der Politik, der Polizei, dem Militär, Gefängnissen,

Nationalgrenzen und Lagern, ökologischer Zerstörung, aber auch Genoziden etc.

Dabei bedeutet diese Forderung nach der Abschaffung von Hochschulen nicht, dass ich damit Bildung, Wissenschaft und Forschung abschaffen will. Sondern, dass neue Systeme geschaffen werden, die jenseits des kapitalistischen liegen. Es geht quasi darum, die Institution unnütz zu machen (vgl. auch Kapitel 2.2), indem man Alternativen schafft. Was wäre, wenn Bildung und Wissenschaft communitybasiert und ohne Zugangsbeschränkungen organisiert wären?

Dies schließt auch eine umfassende Dekolonisierung ein, aber auch, besonders im deutschen Kontext, eine umfassende Entnazifizierung. „Abolitionistisches Leben ist antifaschistisches Leben" (Gossett, S. 614).

Mein Ziel ist es, Selbstbestimmung und Unabhängigkeit zu haben, um eigene Ziele und Werte zu verwirklichen. Und das wird so in diesem System nicht funktionieren.

Ich denke, wir müssen uns ernsthafte Gedanken darüber machen, wo wir hinwollen.

Abolish Hochschulen!

Wir sind wütend, wir werden uns unsere Räume nehmen und wie werden anfangen, dieses System zu zerstören. Dekolonialisierung heißt genau das für mich:

mit Feuerzeug in der Hand

Es bedeutet, dass wir die inhärent kolonialen Institutionen niederreißen müssen, um überhaupt an eine Dekolonialisierung dieser Welt denken zu können.

We need to burn these fucking colonial institutions to the ground! Applaus

Whose space? ... Our space!

Whose voice?... Our voice!

(Bahadori 2022, S. 24)

9. Mein Vorschlag: Mehr akademischer Ungehorsam und Militanz

Um meine Forschungsfragen zu beantworten, unterbreite ich euch einen Vorschlag. Mein Fokus lag darauf, herauszustellen, **wie Studierende mit Rassismuserfahrungen wirksamen Widerstand gegen Rassismus an deutschen Hochschulen leisten können.** Ich wollte damit keine Ergebnisse erzeugen, die spezifische Implementierungen wie z.b. im *Diversity*management aufzeigen, sondern vielmehr unsere Haltung und Praxis herausarbeiten, als Widerstandsbewegung zum machtvollen Hochschulsystem und dessen Institutionen: den „Keimzelle[n] es Übels", die „grundlegend für die Konstruktion und Konstitution von Rassismus sind" (Kelly 2021., S. 51).

Im Verlauf meiner Ausarbeitung habe ich versucht euch meine Gedanken näher zu bringen, indem ich die Stärken unserer „outsider within" Position betont habe. Ich argumentiere für die Notwendigkeit eines radikalen *Mindsets* und Aktivismus als Widerstandsstrategie, um uns gegen Unterdrückung zu wehren und die tief verwurzelten Probleme zu erkennen und beseitigen zu wollen. Zudem erläutere ich unser Recht auf Selbstverteidigung an deutschen Hochschulen und, dass unsere Wut dem System gegenüber völlig legitim ist, da es wiederholt massive Gewalt re_produziert. In einem weiteren Teil habe ich euch Taktiken, Aktionen und Organisationen vorgestellt, von denen wir profitieren könnten, um z.B. auch von anderen oder älteren Kämpfen zu lernen. Der anstrengende Kampf und Transformationsprozess wird uns unser Leben lang verfolgen. Jedoch sehe ich ihn als einen Weg zu einer Utopie, für die es lohnenswert ist, zu kämpfen.

Die Analyse deutscher Hochschulen zeigt, dass wir radikal handeln müssen, da wir es mit einem sehr gewaltbereiten Gegner zu tun haben. Besonders in Zeiten eskalierender „Konflikte": In

Überlebenskämpfe im Kontext der Klimakatastrophe, Kriege und Faschismus dürfen wir nicht hinnehmen, dass eine extreme Re_Produktion von ausgrenzendem und gewaltvollem Wissen stattfindet. Stattdessen müssen wir uns dagegen wehren und stark in die Gegenoffensive gehen.

Ich sehe, dass Menschen, die Rassismus erfahren, und Verbündete, Genossis und Alliierte bereits krassen Widerstand leisten. Seit Jahrhunderten. Und ich bin sehr dankbar dafür. Ich sehe jedoch gleichzeitig, dass wir in Deutschland in academia stark vom neoliberalen Mindset beeinflusst sind, dass auch wir selbst oft Ansätze verfolgen, die stark von Bürgertum, *white* supremacy und dem Patriarchat mitbeeinflusst sind. Wir wissen jedoch aus der Geschichte, dass Ansätze, die vom Unterdrücker mit beeinflusst sind, nicht ausreichen, um uns und andere zu befreien.

Ein für mich sehr inspirierendes Zitat, das meinen Standpunkt unterstreicht, lautet: „Die Angst muss das Lager wechseln" und stammt von einer feministischen Aktivistin aus dem Schwarzen Bock der Feministinnen in Mexiko (vgl. ARTE Reportage 2021). Und so sehe ich das auch in „der Wissenschaft" und all ihren gewaltvollen Machtverhältnissen.

Daher umfasst mein Vorschlag mehr **akademischen Ungehorsam und Militanz** als Strategie, um einen Schritt weiterzugehen.

Nachfolgend findet ihr eine Abbildung, wie ich mir das grob in meinem Kopf vorstelle. Es ist jedoch gesagt, dass dies nur ein Gedanke und Vorschlag von mir ist, der natürlich in der Gemeinschaft kritisch besprochen und ausgehandelt werden kann.

Abbildung 1: akademischer Ungehorsam & Militanz

"Akademischer Ungehorsam" leite ich von "zivilem Ungehorsam" ab, der sich gegen Autoritäten auflehnt, und zwar in Form von sozialen Protesten, bei denen gegen bestimmte Gesetze, Regeln oder politische Entscheidungen verstoßen wird, um auf Missstände oder Ungerechtigkeiten aufmerksam zu machen. Es ist eine Form, in dem man die Konsequenzen des Handelns akzeptiert, um politische oder soziale Veränderungen herbeizuführen (vgl. z.B. D'Arcy, S. 109 ff.).

Beim "akademischen Ungehorsam" liegt der Fokus darauf, dass wir die Hochschule und Wissenschaft herausfordern, indem wir uns mithilfe unseres „outsider within"-Status, Aktivismus, eines anti-rassistischen und intersektional feministischen Verständnisses und eines radikalen *Mindsets* gegen Standards, Gesetze, Regeln, Paragrafen und Erwartungen widersetzen, die wir als nicht vertretbar, willkürlich oder ungerecht ansehen. Dabei handelt es sich um eine Widerstandsstrategie, die auf ein bestehendes Problem aufmerksam machen soll, aber auch auf die Vergänglichkeit von alt eingerosteten Bedingungen und Regeln im elitären Hochschulraum.

Die Gießkannen können beliebig verwendet oder nicht verwendet werden, und die leere Gießkanne, die an der Seite steht, symbolisiert andere Inhalte oder Strategien, die noch hinzugefügt werden können. Die starke Gemeinschaft hingegen, die ebenfalls am Blumentopf verortet ist, wird als entscheidender und notwendiger Faktor angesehen. Denn wie Audre Lorde bereits sagte: "Without community there is no liberation". Deshalb ist mein zweiter Vorschlag auch Militanz. Militanz ist dabei ein Teil von "Akademischer Ungehorsam".

Militanz ist eine Form des kollektiven Handelns, die aus Motiven von Missständen resultiert und darauf abzielt, gegen Unterdrückung und Ungerechtigkeit vorzugehen. Diese militanten Aktionen sind **konfliktorientiert und konfrontativ,** was durch Mittel wie Auflehnung, Obstruktion (Blockade), Destruktion (Abriss) und in einigen Fällen sogar bewaffneter Gewalt (vgl. Kapitel 4 & 5) passiert. Militanz manifestiert sich oft in Form von sozialen Bewegungen, Protesten und Aktivismus.

Der Begriff „Militanz" ist vielschichtig und kann eine Bandbreite von friedlichen Protesten bis hin zu radikaleren Maßnahmen umfassen. Der Erfolg und die Legitimität solcher Aktionen hängen stark von der spezifischen Situation, den gewählten Handlungen und dem jeweiligen Kontext ab. Ein ausgewogenes Vorgehen und eine strategische Herangehensweise sind entscheidend, um langfristige Veränderungen zu bewirken (vgl. D'Arcy 2019, S. 43 f.).

Mehr „akademischer Ungehorsam" und Militanz sorgen dafür, dass wir

- Aufmerksamkeit erzeugen mit mehr provokanten Aktionen,
- uns besser schützen,
- die Hochschulen mehr unter Druck setzen,
- Stärke gewinnen, weil militante Aktionen sehr empowernd wirken können,
- uns auflehnen mit dem Gefühl des Supports von unseren Geschwistern im Rücken,
- als Gemeinschaft näher zusammenrücken,
- einen Umgang mit unserer Wut finden und diese in die richtige Richtung lenken,
- Transformation anstoßen,
- u.v.m :)

Dafür wäre es aber nötig, uns präsenter zu organisieren, die Kämpfe auch auf die Straße zu tragen und auch über unsere Grenzen hinauszugehen. Die Entscheidung für Militanz sollte sorgfältig abgewogen werden und als letztes Mittel in Betracht gezogen werden, wenn andere Mittel keine Veränderung bewirken können. Und an dem Punkt sind wir meines Erachtens.

Von eine*r die noch lebt, an eine die schon tot ist

Gedicht zur Erinnerung an May Ayim

Die Zeit danach II von Nele Oevermann Ignatia

Dass es eines Tages anders sein
Muss
Hast du geträumt, Schwester
Dass Menschen lachend zur Welt kommen
Nicht schreiend
Nicht länger schreiend
Dafür hast du gekämpft, Schwester
In Pfefferfarben hast du deinen Traum getunkt
Hinter erhobener Faust hast du ihn getragen
Vielleicht formt sich das Gelächter der neuen Kinder
In ihren Fäusten
Und sie werden kommen, ich habe sie gesehen

Denn auch ich habe einen Traum, meine Schwester, mein Bruder,
Da müssen wir nicht mehr trauern um unsere Geschwister
Sondern sitzen zusammen und essen
Die Nelkenzigaretten erzählen uns vom Widerstand
Und legen uns den Sommer auf unsere Lippen

Wenn wir singen
Singen wir von Freiheit
Wenn wir tanzen
Ballen wir unsere Fäuste

Und >die Anderen< denken sie hätten es verstanden
Tragen immer noch unsere Jacken und unsere Frisuren
Zitieren unsere Worte und lesen unsere Gedanken
Tanzen unsere Tänze und verkaufen unser Essen
Sie würden es wahrscheinlich „sensibilisiert" nennen,
Schwester
Aber sie werden es nie verstehen werden nie verstehen
Nicht so

Ich trage unsere Träume
Hinter erhobener Faust
Und mache weiter
Mache immer weiter
Migrantisch
Schwarz
Antifaschistisch
Bis zum Schluss
Ich sehe uns zusammen sitzen
Essend
Rauchend
Und die Nelken erzählen uns vom süßen Leben
Vom süßen Leben für Alle

AMOR ES LA REVOLUCIÓN

Quellenverzeichnis / Bibliografie

Ahmed, Sara (2012): On being included: racism and diversity in institutional life. Durham ; London: Duke University Press

Aim, Ruth (2021): Aktivismus, warum machst du das?. In: Magazin of Color. Rassismuskritisches Magazin. 2021, S. 8-9

AlSabah, Souzan (2023): VULVINA intersektional: Körper • Macht • Empowerment. Köln: stolzeaugen.books

Anarchist Black Cross Chicago (2018): Fred Hampton Speaks. Chicago: Anarchist Black Cross Chicago.

Anonymous (2023): A Stroll through the Darkness: The Mental Health Struggles of a Migrant Academic. In: Burlyuk, Olga; Rahbari, Ladan (Hrsg.): Migrant Academics' Narratives of Precarity and Resilience in Europe. Cambridge: Open Book Publishers. https://doi.org/10.11647/OBP.0331 , S. 61-67

Anti University now! (2023): About. URL: https://www.antiuniversity.org/about/ [letzter Zugriff: 04.11.2023]

Arte Reportage (2021): Mexiko: Im schwarzen Block der Feministinnen. URL: https://www.arte.tv/de/videos/101555-000-A/mexiko-im-schwarzen-block-derfeministinnen/ [letzter Zugriff 30.11.2023]

Aslan, Emine (2017): Wem gehört der Campus? Weiße Unilandschaft und Widerstandsformen von Student_innen of Color in Deutschland. In: Fereidooni, Karim; El, Meral (Hrsg.): Rassismuskritik und Widerstandsformen, Wiesbaden: Springer Fachmedien Wiesbaden, doi: 10.1007/978-3-658-14721-1, S. 749-769

Berhe, Betiel (2023): Nie mehr leise: die neue migrantische Mittelschicht, 1. Auflage. Berlin: Aufbau

Bahadori, Sara; Nguyen, T.; Masala, Rosa; Sanches Martins, Nùbia (2022): Complaint as a killjoy- genre. In: Aden, Samia; Tamayo Rojas, Carolina (Hrsg.): Dekoloniale Interventionen. Münster: Unrast, S. 15-31

Bailey, Moya (2021): Misogynoir transformed: black women's digital resistance. New York: New York University Press

Bichlbaum, Andy (2014): Unterwanderung. In: Boyd, Andrew; Mitchell, Dave Oswald (Hrsg.): Beautiful Trouble: Handbuch für eine unwiderstehliche Revolution. Freiburg im Breisgau: orange-press, S. 60-61

BIPoC Referat der Uni Bonn (2023): Das BIPoC-Referat des AStA der Uni Bonn tritt geschlossen zurück!. URL: https://drive.google.com/file/d/1NRSUlaXwUnWHvtm7GN Wmo9kyzot357og/view [letzter Zugriff 07.11.2023]

Bogad, L.M. (2014): Wahlkampf Guerillatheater. In: Boyd, Andrew; Mitchell, Dave Oswald (Hrsg.): Beautiful Trouble: Handbuch für eine unwiderstehliche Revolution.Freiburg im Breisgau: orange-press, S. 62-65

Bollwinkel Kelee, Tsepo Andreas (2020): Resilience, Resistance, Revolution. Was Empowerment für Schwarze Menschen bedeuten kann. In: Jagusch, Birgit; Chehata, Yasmine (Hrsg.): Empowerment und Powersharing: Ankerpunkte - Positionierungen - Arenen. Weinheim Basel: Beltz Juventa, S. 20-28

Borger, Mai-Anh; Do Mar Castro Varela, Maria (2023): Was ist postkoloniale Bildung überhaupt?. In: BildungsLab* (Hrsg.): Bildung. Ein postkoloniales Manifest. Münster: Unrast, S. 11-16

Boyd, Andrew; Mitchell, Dave Oswald (2014) (Hrsg.): Beautiful Trouble: Handbuch für eine unwiderstehliche Revolution. Freiburg im Breisgau: orange-press

Boyd, Andrew; Russell Kahn, Joshua (2014): Zwing die andere Seite zu handeln. In: Boyd, Andrew; Mitchell, Dave Oswald (Hrsg.): Beautiful Trouble: Handbuch für eine unwiderstehliche Revolution. Freiburg im Breisgau: orange-press, S. 152-155

Bradbury, Alexandra; Brenner, Mark; Slaughter, Jane (2018): Geheimnisse einer erfolgreichen OrganizerIn. Stuttgart: Schmetterling

Burlyuk, Olga; Rahbari, Ladan (Hrsg.) (2023): Migrant Academics' Narratives of Precarity and Resilience in Europe. Cambridge: Open Book Publishers. https://doi.org/10.11647/OBP.0331

Bürgin, Julia (2023): Bildungsarbeit gegen Radikale. In: Institut für Radikalisierungsforschung beim Bildungskollektiv Biko (Hrsg.): Radikalisiert euch!

Beiträge zu radikaler Theorie und Praxis. Münster: Unrast, S. 93-104

Cairo, Aminata (2021): Holding Space. Amsterdam: Lightning Source inc.

Castro Varela, María do Mar (2021): Kontrapunktische Bildung, Critical Literacy und die Kunst des Verlernens. In: Dankwa, Serena Owosua; Filep, Sarah-Mee;

Klingovsky, Ulla; u. a. (Hrsg.): Bildung.Macht.Diversität: Critical Diversity Literacy im Hochschulraum. Bielefeld: transcript, S. 111-127

Chehata, Yasmine; Jagusch, Birgit (2020): „Wenn Wissen und Diskurs persönlich wird" und werden sollte. In: Jagusch, Birgit; Chehata, Yasmine (Hrsg.) (2020): Empowerment und Powersharing: Ankerpunkte - Positionierungen - Arenen. Weinheim Basel: Beltz Juventa

Chehata, Yasmine; Dib, Jinan; Harrach-Lasfaghi, Asmae; u. a. (2023): Empowerment, Resilienz und Powersharing in der

Migrationsgesellschaft: Theorien – Praktiken – Akteur*innen. Weinheim: Juventa

D'Arcy, Stephen (2019): Sprachen der Ermächtigung: warum militanter Protest die Demokratie stärkt. Münster: Unrast

Davis, Angela Y. (1989): Angela Davis Interview (1989). In AfroMarxist. URL: https:// www.youtube.com/embed/uUuybCm29sk [letzter Zugriff 30.11.2023]

Davis, Angela Y. (2022): Bildung und Befreiung, die Perspektive der Schwarzen Frau. In Davis, Angela Y.: Rassismus, Sexismus und Klassenkampf. Münster: Unrast, S. 104-114

Davis, Angela Y.; Dent, Gina; Meiners, Erica R.; u. a. (2023): Abolitionismus. Feminismus. Jetzt: eine intersektionale Intervention. Münster: Unrast

Dirik, Hêlîn (2023): Weniger Staat, mehr Selbstorganisierung. In: Missy Magazine. URL: https://missy-magazine.de/blog/2023/10/23/weniger-staat-mehrselbstorganisierung/ [letzter Zugriff: 04.11.2023]

Dorlin, Elsa (2021): Legitime Gewalt. In: Missy Magazin. Magazin für Pop, Kultur und Feminismus. 02/21, S. 58-59

Dorlin, Elsa; Aarons, Kieran (2022): Self-defense: a philosophy of violence, London ; Brooklyn: Verso

Each one teach one e.V. (EOTO e.V.) (2020): Afrozensus 2020 - Der Report, [online] https://af- rozensus.de/reports/2020/ [letzter Zugriff: 01.11.2023]

Ediger, Gülden (2023): wi(e)der-sprechen. In: BildungsLab* (Hrsg): Bildung. Ein postkoloniales Manifest. Münster: Unrast, S. 70-72

Eggers, Maureen Maisha; et al. (Hrsg.) (2005): Mythen, Masken und Subjekte: kritische Weissseinsforschung in Deutschland, 1. Aufl. Münster: Unrast.

Erel, Umut (2021): Auto/biografische Wissensreproduktion von Migrantinnen. In: Kien Nghi Ha; Lauré Al-Samarai, Nicola; Mysorekar, Sheila (Hrsg.): re/visionen. postkoloniale Perspektiven von People of Color auf Rassismus, Kulturpolitik und Widerstand in Deutschland. 3. Aufl., Münster: Unrast, S. 147-160

Fine, Janine (2014): Wähl die passende Taktik. In: Boyd, Andrew; Mitchell, Dave Oswald (Hrsg.): Beautiful Trouble: Handbuch für eine unwiderstehliche Revolution. Freiburg im Breisgau: orangepress, S. 140-142

Frank, Olaide (2021): Alles für uns. In: Gurlz with Curlz. We are more than stereotypes. 2021, Issue 03, 3. Auflage, S. 67

Garza, Alicia (2020): Die Kraft des Handelns: wie wir Bewegungen für das 21. Jahrhundert bilden, Stuttgart: Tropen

Gossett, Che (2022): Abolitionistische Alternativen. Schwarzer Radikalismus und die Verweigerung von Reform. In: Loick, Daniel; Thompson, Vanessa Eileen (Hrsg.): Abolitionismus. Ein Reader. Originalausgabe. Berlin: Suhrkamp, S. 609-614

Heinig, Marco; Maurer, Steffen; Burchard, Luise; Vogel, Luca (Regie) (2022): Rise up [Dokumentation]. Freischwimmer Film und leftvision

Hersey, Tricia (2022): Rest is resistance. London: Octopus Books

Hill Collins, Patricia (1986): Learning from the Outsider Within: The Sociological Significance of Black Feminist Thought. In: Social Problems, Vol. 33, No. 6, Special Theory Issue. S. 14-32

Hill Collins, Patricia (2000): Black feminist thought: knowledge, consciousness, and the politics of empowerment, Rev. 10th anniversary ed. New York: Routledge.

Hill Collins, Patricia (2013): On intellectual activism. Philadelphia: Temple University Press

Hill Collins, Patricia (2020): Pertencer sem Pertencer. In: TV Boitempo. URL: https:// www.youtube.com/embed/ZRFZMHLQOGg letzter Zugriff: 26.02.223

Hoeder, Ciani-Sophia (2021a): Wut und Böse. München: Hanserblau

Hoeder, Ciana-Sophia (2021b): Wut bedeutet Macht. In: Gurlz with Curlz. We are more than stereotypes. 2021, Issue 03, 3. Ausgabe, S. 16-17 hooks, bell (1994): Teaching to transgress: education as the practice of freedom. New York: Routledge

hooks, bell (2003): Teaching community: a pedagogy of hope. New York: Routledge hooks, bell (2010): Teaching critical thinking: practical wisdom. New York: Routledge

hooks, bell (2022): Feminismus für alle. Münster: Unrast Verlag, 2. Aufl.

hooks, bell (2023): Selbstliebe: über Herkunft und Gerechtigkeit. 1. dt. Aufl., Hamburg: HarperCollins

Institut für Radikalisierungsforschung beim Bildungskollektiv Biko (2023): Thesen zu Radikalität und Radikalisierung. In: Institut für Radikalisierungsforschung beim Bildungskollektiv Biko (Hrsg.): Radikalisiert euch! Beiträge zu radikaler Theorie und Praxis. Münster: Unrast, S. 21-27

International Federation of Social Workers (2014): Global Definition of Social Work. URL: https://www.ifsw.org/what-is-social-work/global-definition-of-social-work/ [letzter Zugriff 07.11.2023]

Jones, Feminista (2019): Reclaiming our space: how black feminists are changing the world from the tweets to the streets. Boston: Beacon Press

Kahn Russell, Joshua; Gupta, Arun (2014): Besetzung. In: Boyd, Andrew; Mitchell, Dave Oswald (Hrsg.): Beautiful Trouble: Handbuch für eine unwiderstehliche Revolution. Freiburg im Breisgau: orange-press, S. 20-23

Kahn Russell, Joshua (2014a): Direkte Aktion. In: Boyd, Andrew; Mitchell, Dave Oswald (Hrsg.): Beautiful Trouble: Handbuch für eine unwiderstehliche Revolution. Freiburg im Breisgau: orange-press, S. 24-26

Kahn Russell, Joshua (2014b): Gewinn verbündete. In: Boyd, Andrew; Mitchell, Dave Oswald (Hrsg.): Beautiful Trouble: Handbuch für eine unwiderstehliche Revolution. Freiburg im Breisgau: orange-press, S. 91-92

Kelly, Natasha A. (2021): Rassismus: strukturelle Probleme brauchen strukturelle Lösungen!. Zürich: Atrium

Kilomba, Grada (2020): Plantation memories: episodes of everyday racism. 6th edition. Münster: Unrast

Kuria, Emily Ngubia (2015): Eingeschrieben. Zeichen setzen gegen Rassismus an deutschen Hochschulen. Berlin: Worten & Meer

Loick, Daniel; Thompson, Vanessa Eileen (2022): Was ist Abolitionismus?. In: Loick, Daniel; Thompson, Vanessa Eileen (Hrsg.) (2022): Abolitionismus. Ein Reader. Berlin: Suhrkamp, S. 7-57

Lorde Audre (1979): The Master's Tools Will Never Dismantle The Master's House. In: In: Moraga, Cherríe L.; et. al. (Hrsg.) (1981): This bridge is called my back. Writings by radical women of color. 1. Auflage. Berkley: Third Woman Press, S. 106-109

Lorde, Audre (1981; 2018a): Uses of anger: Women responding for racism. In: Lorde, Audre (2018): The master's tools will never dismantle the master's house. London: Penguin Books, S. 36-51

Lorde, Audre (1982; 2018b): Learning from the 1960s. In: Lorde, Audre (2018): The master's tools will never dismantle the master's house. London: Penguin Books, S. 22-35

Lorde, Audre (1984; 2021a): Die Verwandlung von Schweigen in Handeln. In: Lorde, Audre: Sister Outsider. München: Carl Hanser, S. 34-39

Lorde, Audre (1984; 2021b): Alter, Race, Klasse und Gender. Frauen definieren Unterschiede neu. In: Lorde, Audre: Sister Outsider. München: Carl Hanser, S. 130-144

Ministerium für Kultur und Wissenschaft des Landes Nordrhein-Westfalen (2019): Gesetz über die Hochschulen des Landes NordrheinWestfalen (Hochschulgesetz) – in der Fassung des Gesetzes zur Änderung des Hochschulgesetzes vom 12. Juli 2019.   URL: https://www.mkw.nrw/system/files/media/document/file/mkw_nrw_hochschulen_hochschulgesetz_hochschulgesetz_novelliert_begründet_0 .pdf [letzter Zugriff: 04.11.2023]

Mancias, Nancy L. (2014): Kreative Störung. In: Boyd, Andrew; Mitchell, Dave Oswald (Hrsg.): Beautiful Trouble: Handbuch für eine unwiderstehliche Revolution. Freiburg im Breisgau: orangepress, S. 42-44

Mangiarotti, Emanuela (2023): To the Center and Back: My Journey Through the Odds of Gendered Precarity in Academia. In: Burlyuk, Olga; Rahbari, Ladan (Hrsg.): Migrant Academics' Narratives of Precarity and Resilience in Europe. Cambridge: Open Book Publishers. https://doi.org/10.11647/OBP.0331 , S. 155-162

Meier, Günter W.; Kirchgeorg, Manfred (2018): Kognitive Dissonanz. In: Wirtschaftslexikon. URL: https://wirtschaftslexikon.gabler.de/definition/kognitivedisso nanz-37371/version-260807 [letzter Zugriff: 04.11.2023]

Nassir-Shahnian, Natascha Anahita (2020): Powersharing: es gibt nichts Gutes, außer wir tun es! Vom bewussten Umgang mit Privilegien und der Verantwortlichkeit für soziale (Un-)Gerechtigkeit. In: Jagusch, Birgit; Chehata, Yasmine (Hrsg.): Empowerment und Powersharing. Ankerpunkte – Positionierungen – Arenen. Weinheim: Beltz, S. 29–42.

Ogette, Tupoka (2020): exit RACISM. Rassismuskritisch denken lernen. Münster: Unrast, 9 .Aufl.

Okun, Temna (2021): White supremacy culture - Still here. URL: https://drive.google.com/file/d/1XR_7M_9qa64zZ00_JyFVTAjmjVU -uSz8/view [letzter Zugriff: 04.11.2023]

Parbey, Celina (25.05.2023): Radikal? Wir waren nie radikal genug. In: ze.tt. URL: https://www.zeit.de/zett/2023-05/black-lives-matter-cancel-culture-debatteveraenderung [letzter Zugriff: 15.11.2023]

Piorkowski, Christoph David (Tagesspiegel) (18.12.2020): Struktureller Rassismus an deutschen Hochschulen „Nur tagsüber sind Universitäten weiße Institutionen". Maureen Maisha Auma über „Intersektionalität" und strukturellen Rassismus an deutschen Hochschulen. Ein Interview zum Aktionstag #4GenderStudies. URL: https://www.tagesspiegel.de/wissen/nur-tagsuber-sind-universitaten-weisseinstitutionen-6861115.html [letzter Zugriff: 04.11.2023]

Popal-Akhzarati, Karina (2020): Ermächtigung und Re_Präsentation. Studentische Verhandlungen von Rassismus und Hochschule. In: Heitzmann, Daniela; Houda, Kathrin

(Hrsg.): Rassismus an Hochschulen: Analyse - Kritik - Intervention. Weinheim Basel: Beltz Juventa (Diversity und Hochschule), S. 80-90

Roig, Emilia (2021): Why we matter: Das Ende der Unterdrückung. Berlin: Aufbau

Sahin, Reyhan (2020): Yalla, Feminismus!. 2. Aufl., Stuttgart: Tropen

Schick, Sibel (2021): Marginalisierte Wut und Solidarität. In: Denkfabrik (Hrsg.): Verbündet euch! für eine bunte, solidarische und freie Gesellschaft. Hamburg: Edition Nautilus, S. 291-298

Schneller, Chripa (2023): Does migration matter? Rassifizierende Zugehörigkeitsordnungen im Raum Hochschule und Umgangsstrategien mit der Ansprache als Studierende mit ‚Migrationshintergrund'. Dissertationsschrift an der Universität Bremen

Seeck, Francis (2022): Zugang verwehrt: keine Chance in der Klassengesellschaft: wie Klassismus soziale Ungleichheit fördert. Zürich: Atrium

Shure, Saphira (2021): Orte der Bildung neu be_gründen?!. In: BildungsLab* (Hrsg.): Bildung. Ein postkoloniales Manifest. Münster: Unrast, S. 19-21

Taylor, Keeanga-Yamahtta (2017): Von #BlackLivesMatter zu Black Liberation. Münster: Unrast

The Combahee River Collective (1977; 1981): A Black feminist Statement. In: Moraga, Cherríe L.; et. al. (Hrsg.): This bridge is called my back. Writings by radical women of color. 1. Auflage. Berkley: Third Woman Press, S. 234-244

Thompson, Vanessa E. (2021a): Rassismus an Hochschule. Intersektionale Verstrickungen und Möglichkeiten des Abolitionismus. In: Dankwa, Serena Owosua; Filep, Sarah-Mee;

Klingovsky, Ulla; u. a. (Hrsg.): Bildung.Macht.Diversität: Critical Diversity Literacy im Hochschulraum. Bielefeld: transcript, S. 131-149

Thompson, Vanessa E. (2021b): Reformen reichen nicht. In: Missy Magazin. Magazin für Pop, Kultur und Feminismus. 02/21, S. 50-52

Tran, Thu Hoài (2021): Manifest des fühlen und widerstehen. In: BildungsLab* (Hrsg.): Bildung. Ein postkoloniales Manifest. Münster: Unrast, S. 62-63

Truderung, Tarah (2022): Thema Rassismus „zu belastend" für Weiße - Erfahrung an Hochschule. In: So geht Hochschulpolitik. URL: https://www.youtube.com/embed/BkzHVz252LI [letzter Zugriff 30.11.2023]

Vatansever, Aslı (2023): Survival in Silence: Of Guilt and Grief at the Intersection of Precarity, Exile, and Womanhood in Neoliberal Academia. In: Burlyuk, Olga; Rahbari, Ladan (Hrsg.): Migrant Academics' Narratives of Precarity and Resilience in Europe. Cambridge: Open Book Publishers. https://doi.org/10.11647/OBP.0331 , S. 145-154

Vater, Purnima (2021): Irritation von Imagination als gesellschaftlicher Transformationsprozess. In: BildungsLab* (Hrsg.): Bildung. Ein postkoloniales Manifest. Münster: Unrast, S. 57-58

von Dyke, Silke (2019): Identitätspolitik gegen ihre Kritik gelesen. In: Zeitschrift der Bundeszentrale für politische Bildung: Aus Politik und Zeitgeschichte. Identitätspolitik. 69. Jg., Heft 9-11, S. 25-32

Wagner, Wolf (2012): Uni-Angst und Uni-Bluff heute: wie studieren und sich nicht verlieren. 3. Aufl., Berlin: Rotbuch

WBRC FOX6 News (08.02.2023): Hundreds of students stage walkout at Hillcrest High School. URL:

https://www.wbrc.com/2023/02/09/hundreds-students-stagewalkout-hillcrest-high-school/ [letzter Zugriff: 04.11.2023]

Wiedenroth-Coulibaly, Eleonore (2021): Zwanzig Jahre Schwarzer Widerstand in bewegten Räumen. Was sich im Kleinen abspielt und aus dem Verborgenen wächst. In: Kien Nghi Ha; Lauré Al-Samarai, Nicola; Mysorekar, Sheila (Hrsg.): re/ visionen. postkoloniale Perspektiven von People of Color auf Rassismus, Kulturpolitik und Widerstand in Deutschland. 3. Aufl., Münster: Unrast, S. 401-422

Wilson Gilmore, Ruth (2022): Was tun?. In: Loick, Daniel; Thompson, Vanessa Eileen (Hrsg.): Abolitionismus. Ein Reader. Originalausgabe. Berlin: Suhrkamp, S. 515-521

Zeit Campus (11.07.2023): Rassismus an der Universität. Wir wollen nicht mehr beleidigt werden. URL: https://www.zeit.de/campus/2023/04/rassismusuniversitaet-bipoc-referat-diskriminierung#comments [letzter Zugriff: 04.11.2023]

Über die Autorin

Tarah-Tanita Truderung (sie/ihr) ist afro-deutsche Erzieherin, Sozialarbeiterin, Sozialwissenschaftlerin und Bildungsreferentin. Sie studierte zuletzt Pädagogik und Management in der Sozialen Arbeit. In ihrer Arbeit beschäftigt sie sich hauptsächlich mit Rassismus an (Hoch-)Schulen, rassismuskritischer Sozialer Arbeit, Empowerment, Anti-Diskriminierung, dekolonialer Wissensre_produktion, Macht- und Herrschaftskritik, Schwarzem / intersektionalem Feminismus.

In den letzten Jahren hat Tarah-Tanita Truderung zu diesen Themen Texte veröffentlicht, Keynotes gehalten, (Empowerment)Workshops und Lehrveranstaltungen durchgeführt, an Podiumsdiskussionen teilgenommen, moderiert und als Facilitatorin Räume in verschiedenen Kontexten mit verschiedenen Communities und Hochschulgruppen gestaltet und gehalten.